AI 번역과 한국어

AI문고

인공지능 시대입니다. 기계가 인간의 인지를 대신하고, 사물이 인간을 통하지 않고 다른 사물과 직접 커뮤니케이션합니다. 이에 따른 인간 삶과 문명 변화를 정확히 이해 · 예측 · 대응하는 것은 이 시대 우리 모두의 과제입니다. AI문고는 인공지능 기술과 환경의 여러 주제를 10가지 키워드로 정리합니다. 관련 개념과 이론, 학계와 산업계의 쟁점, 우리 일상의 변화를 다룹니다. 인간과 기술의 현재, 미래를 세심히 분석합니다.

일러두기

- 인명, 작품명, 저서명, 개념어 등은 한글과 함께 괄호 안에 해당 국가의 원어를 병기했습니다.
- 외래어 표기는 현행 어문규정의 외래어표기법을 따랐습니다. 다만 '딥러닝' 등은 관행을 따랐습니다.
- 3장의 GPT(Plus), 구글 번역, 파파고의 번역 결과는 2024년 9월 28일, 4장의 결과는 2025년 3월 25일, 5장의 결과는 2025년 4월 3일, 6장의 결과는 2025년 4월 5일, 7장의 결과는 2025년 2월 22일, 8장의 결과는 2025년 2월 14일, 9장의 결과는 2025년 4월 8일을 기준으로 확인했습니다.

처음이세요?

전문가세요?

AI 번역과 한국어

남영자

대한민국, 서울, 커뮤니케이션북스, 2025

AI 번역과 한국어

지은이 남영자
펴낸이 박영률

초판 1쇄 펴낸날 2025년 8월 27일

커뮤니케이션북스(주)
출판 등록 2007년 8월 17일 제313-2007-000166호
02880 서울시 성북구 성북로 5-11
전화(02) 7474 001, 팩스(02) 736 5047
commbooks@commbooks.com
www.commbooks.com

ISBN 979-11-430-0401-7 03500

책값은 뒤표지에 표시되어 있습니다.

차례

AI 번역과 언어의 경계

이 책은 기술이 놓치는 언어의 결을 따라간다.

붕어빵보다 빠른 언어 번역. AI 번역은 더 이상 미래의 기술이 아니다. 클릭 한 번이면 낯선 언어가 익숙한 문장으로 바뀌는 속도와 편리함에 우리는 어느새 익숙해졌다.

그러나 언어는 단순한 정보 전달의 수단이 아니다. 그 속에는 감정, 문화, 삶의 방식, 세계관, 그리고 세대에 걸쳐 축적된 경험이 스며 있다. 언어는 공동체가 살아온 시간의 결을 품고 있으며, 그 여운과 정서를 온전히 옮기는 일은 결코 단순하지 않다.

발효의 시간이 녹아든 된장의 '깊은 맛', 관계의 끈끈함이 밴 '정', 봄바람에 '싱숭생숭'해지는 마음, '노랑'과 '노오란' 사이의 어감 차이. AI는 이 언어를 학습하고 모방할 수는 있어도, 그 감각의 결을 직접 체험할 수는 없다.

이 책은 바로 그 경계에 주목한다. 먼저, 고자원 언어 중심의 학습 구조에서 비롯된 구조적 편향과 문화적·젠더적 편향을 살펴본다. 이러한 편향이 어떻게 형성되고 번역 결과에 어떤 영향을 미치는지를 분석하며, 그 완화 가능성과 개선 방향 또한 함께 모색한다.

이어 '맛', '색', '소리와 모양', '시', '노랫말', '정서' 같은 한국어 고유의 감각이 AI 번역 속에서 어떻게 단순화되거나 왜곡되는지를 구체적인 사례를 통해 들여다본다. 이른바 K-맛, K-색채어, K-의성어 · 의태어, K-시, K-대중가요 가사, K-정서 등 다양한 감각의 층위를 중심으로, AI 번역이 놓치는 감각적 둔감성과 문화적 둔감성을 추적한다.

마지막으로, 특정 언어가 아닌 '의료'라는 고위험 영역에 주목하여, AI 번역 기술의 실용성과 한계를 보다 보편적인 시각에서 조망한다. 이를 통해 기술의 활용 가능성과 사회적 확장성에 대한 통찰을 제시하고자 한다.

각 장은 서로 다른 주제와 사례를 다루지만, 결국은 하나의 질문으로 수렴된다.

AI는 어디까지 언어를 이해할 수 있는가?

그리고 우리는, 어디까지 기술을 신뢰할 수 있는가?

AI 번역의 가능성과 한계

'무엇이든 번역해 드립니다.'

AI 번역은 이제 단순한 보조 도구가 아니다. 웹 페이지 번역, 실시간 자막, 화상 회의 통역, 논문 번역까지 분야를 가리지 않고 일상 속 깊숙이 들어왔다. 우리는 별다른 설정 없이도 다양한 언어의 콘텐츠에 손쉽게 접근하며, 어느새 언어 장벽이라는 말이 무색해진 시대를 살고 있다.

그러나 정말 '무엇이든' 번역되긴 할까? 그것도 '제대로' 말이다.

AI 번역의 성능은 단어 수, 문장 구조, 문맥, 장르, 문화 요소 등에 따라 크게 달라진다. 객관적 사실에 기반한 뉴스 기사나 보고서처럼 문장이 비교적 단순하고 예측 가능한 경우에는 안정적인 번역 결과를 얻을 수 있다. 반면, 시나 노래 가사처럼 감각적 표현과 문화적 맥락이 녹아 있는 언어는 AI에게 여전히 큰 도전 과제다. 때로는 원문의 분위기를 놓치거나 우스꽝스러운 번역을 내놓기도 한다.

이렇듯 AI는 모든 텍스트를 동일하게 다루지 않는다. 텍스트의 성격과 맥락에 따라 가능성과 한계가 뚜렷하게 갈린다.

이 책은 AI 번역의 스펙트럼을 체계적으로 조망한다. 번역 시스템에 내재된 구조적 편향, 감각어와 정서, 문화적 표현이 어떻게 단순화되거나 왜곡되는지를 살펴보고, 그 결과로 드러나는 문화적 둔감성의 양상도 함께 짚는다.

주로 한국어-영어 번역 사례를 중심으로 분석하지만, 고자원 언어 편향, 문화적 편향, 젠더 편향처럼 AI 번역 전반에 적용될 수 있는 보편적 문제 역시 다룬다. 또한 의료 분야처럼 생명과 직결되는 고위험 영역에서 AI 번역이 드러내는 리스크를 함께 검토한다.

단순한 오류 지적을 넘어 "AI는 과연 언어를 어디까지 이해할 수 있는가?"라는 질문을 중심에 두고, 기술의 가능성과 한계를 가르는 경계선을 추적해 나간다.

AI 번역의 활용과 통찰

> 짐(朕)이 오늘은 기분이 매우 좋으니, 어전(御前)에서 어전(漁煎) 위를 비행하는 파리를 용서하노라.
>
> Jim is in a great mood today, so I forgive Paris for flying over the fishing grounds at the palace.

이 문장은 필자가 이전에 관찰한 한영 번역 사례로, 파파고에 한자를 생략하고 입력했을 때 생성된 결과다(남영자, 2023). '짐'은 사람이 되고, '파리'는 도시가 되었으며, '어전'은 두 차례 전혀 다른 의미로 해석되었다. 얼핏 보면 문법적으로 매끄럽고 자연스러워 보이지만, AI는 단어의 표면만을 읽었을 뿐, 그 안에 담긴 맥락과 언어의 결은 읽어 내지 못했다.

AI 번역기를 한 번이라도 사용해 본 사람이라면, 이런 엉뚱한 번역에 웃거나 잠시 멈칫했던 기억이 있을 것이다. 이 책은 바로 그런 순간에서 출발한다.

이 책은 AI 번역의 기술적 구조나 발전 양상을 설명하려는 책이 아니다. 알고리즘의 작동 원리를 파고들기보다는, AI가 언어를 어떻게 해석하고, 어디에서 감각을 놓치는지를 구체적인 사례를 통해 보여 준다.

특히 시어와 대중가요 가사에 담긴 감정과 정서, 그리고 '알할하다', '서럽다' 같은 한국어 고유의 감각어들이 어떻게 번역되는지를 따라가다 보면, 언어가 단순한 정보의 그릇이 아니라 감정과 문화의 결을 담고 있다는 사실을 다시금 실감하게 된다.

일상 사용자

AI 번역기를 사용하는 사람 대부분은 복잡한 기술 구조보다는 결과에 반응한다.

'대충 뜻은 맞는 것 같은데 왜 이렇게 어색하지?'

'뭔가 웃기긴 한데 이상하게 납득은 안 돼.'

이런 경험은 낯설지 않다. 이 책은 바로 그 어색함의 정체를 구체적인 번역 사례를 통해 풀어낸다.

그러나 그 도구가 언제 정확하고, 언제 어긋나며, 언제 문화적 오류를 만들어 내는지를 아는 일은 슬기로운 AI 번역기 사용을 위해 필요하다. 이 책은 그런 차이를 감지하고 해석할 수 있는 감각, 즉 번역 감별력을 키우는 데 도움을 줄 것이다.

K-언어 번역

이 책의 중심축은 한국어 표현이 영어로 번역되는 과정을 관찰하는 데 있다.

'알할하다', '선들선들', '서럽다'처럼 감각과 정서를 담은 표현, '구름이 꼬인다 갈 리 있소' 같은 상징적인 시어, 〈칠갑산〉이나 〈한오백년〉 같은 대중가요 가사는 AI에게 너무도 낯선 세계다. AI는 문맥을 충분히 읽지 못한 채 단어를 개별적으로 해석하고 데이터에 기반해 표현을 선택한다. 그러나 언어는 단순한 정보 이상의 것이다.

이 책은 한국어의 맛과 결, 리듬과 감정을 AI가 어떻게 받아들이고, 얼마나 놓치고 있는지를 구체적인 사례를 통해 보여 준다. 한영 번역을 중심으로 구성된 K-언어 시리즈는 이 책의 핵심을 이루고 있다.

현장 속 AI 번역

AI 번역은 이제 실험 단계에서 벗어나 실질적인 활용의 국면에 접어들었다. 출판과 교육은 물론, 의료나 법률처럼 정보의 정확성이 생명인 분야에서도 AI 번역이 적극적으로 시도되고 있다.

이러한 맥락에서 이 책은 AI 번역의 구조적 한계를 보다 구체적으로 조망하고자 한다. 예를 들어, 언어 간 불균형, 문화적 편향, 젠더 편향 등의 문제를 다양한 사례를 통해 짚어 본다. 또한 마지막 장에서는 의료 영역에서 수행된 실제 번역 연구를 바탕으로, AI 번역의 가능성과 한계를 함께 짚어 본다. 독자는 이를 통해 AI 번역이 가진 실용성과 위험성을 입체적으로 이해하게 될 것이다.

결국 이 책은 AI 번역의 정확도를 평가하기 위한 지침서가 아니라, 번역을 해석하고 맥락을 포착하는 새로운 틀을 제안하는 책이다. 기술의 한계에서 웃고 넘어가는 데서 멈추지 않고, 그 한계가 왜 존재하는지, 그리고 우리는 그 틈에서 무엇을 읽어 낼 수 있는지를 함께 고민해 보자고 말한다.

가볍게 읽히되, 오래 남는 질문을 던지는 책. 이 책이 그런 책으로 독자와 만날 수 있기를 기대한다.

AI 번역과 언어 감각의 지형

이 책은 AI 번역의 가능성과 한계를 다양한 측면에서 살펴보고자 열 개의 주제를 선정했다. 고자원 언어 편향, 문화적 편향, 감각어 번역, 정서와 문화 코드의 손실 등 AI 번역이 마주한 핵심 문제의식을 반영한다. 주로 한국어-영어 번역 사례를 중심으로 하되, AI 번역 전반을 이해하는 데 필요한 보편적 이슈도 함께 담았다.

이제 본문을 읽기에 앞서, 이 책이 선정한 열 개 주제를 가볍게 조망하며 AI 번역이 마주한 언어적 경계를 엿보자.

AI 번역, 고자원 언어 편향

AI 번역은 모든 언어를 평등하게 다루지 않는다. 데이터와 자원의 집중은 번역 품질의 격차를 낳고, 이는 정보 접근성과 문화 생존권에도 영향을 미친다. 이 책은 AI 번역의 한계를 이해하는 첫걸음으로, 언어 자원의 불균형을 살펴본다.

문화적 편향

언어는 문화에 기반한다. 그러나 현재의 AI 번역 시스템은 특정 문화에 편중된 데이터를 기반으로 작동해 문화적 다양성을 온전히 담아내지 못한다. 이 장에서는 AI 번역의 문화적 편향 문제를 짚어 본다.

젠더 편향

언어는 사회를 비추는 거울이지만, AI 번역은 그 거울을 왜곡된 채로 비출 수 있다. 특히 젠더 표현에서 고정 관념이 그대로 드러나며, 이는 언어의 포용성과 다양성을 위협한다. 이 장에서는 AI 번역이 젠더 편향을 어떻게 재생산하고 강화하는지를 살펴본다.

K-맛 표현

한국어는 맛의 미묘한 차이를 세분화해 표현하는 데 탁월하다. 매콤하다, 칼칼하다, 얼큰하다처럼 같은 매운맛 안에서도 감각의 결을 촘촘히 구분한다. 이 장은 AI 번역이 이러한 섬세한 맛의 언어를 어디까지 포착할 수 있는지 살펴보기 위해 마련되었다.

K-색채어

한국어의 색채어는 단순한 색 구분을 넘어 감정과 정서까지 함께 담아낸다. 그러나 AI 번역은 이러한 미묘한 감각의 층위를 하나의 색상 명칭으로 단순화하기 쉽다. 이 장에서는 색에 깃든 감정과 뉘앙스가 번역 속에서 어떻게 흐려지는지 살펴본다.

K-의성어·의태어

한국어의 의성어 · 의태어는 소리와 움직임을 살아 있는 이미지처럼 직관적으로 그려 낸다. 그러나 AI 번역은 이 생동감과 리듬을 단순한 음향 묘사로 축소하기 쉽다. 이 장에서는 감각을 품은 언어가 번역 속에서 어떻게 입체감을 잃는지를 들여다본다.

K-시

시(詩)는 뜻을 풀어내는 것이 아니라 감정과 맥락을 읽어 내는 언어다. 함축과 여백 속에서 감정을 일으키는 시어는 단순한 번역으로는 온전히 옮겨지기 어렵다. AI 번역은 여전히 이 흐름을 타는 데 서툴며, 시어에 깃든 정서를 놓치기 쉽다. 이 장에서는 시 번역의 고유한 한계와 시어가 지닌 섬세한 결을 들여다본다.

K-대중가요 가사

노랫말은 시대와 정서를 담은 압축된 언어다. AI 번역은 가사의 흐름과 분위기를 자연스럽게 이어 가기 어렵다.

이 장에서는 대중가요 가사가 품은 감성과 맥락이 번역 과정에서 어떻게 희미해지는지를 살펴본다.

K-정서

정 · 한 · 서러움은 단순한 평면적 감정이 아니다. 오랜 세월 한국인의 역사와 삶 속에서 축적된 복합적 정서로, 말로 모두 설명할 수 없는 깊이를 품고 있다. 이 장에서는 AI 번역이 이러한 감정의 층위를 어디까지 이해하고 재현할 수 있는지를 살펴본다.

AI 의료 번역의 가능성과 경계

의료 현장에서 AI 번역은 단순한 편의를 넘어, 생명과 직결되는 문제를 다룬다. 단어 하나의 오역이 치명적 결과를 초래할 수 있는 만큼 AI 의료 번역의 가능성과 한계를 신중히 짚어 볼 필요가 있다. 이 장에서는 '생명을 다루는 번역'이라는 특수한 맥락 속에서 AI 번역의 역할을 살펴본다.

참고문헌

남영자(2023). "인공지능 번역, 따라올 테면 따라와 봐". 《더 나은 AI, 더 나은 삶》, 86~92쪽. 마이북하우스.

01
AI 번역, 고자원 언어 편향

번역에서 사라지면 사전에서도 사라진다. AI 번역 기술은 언어 장벽을 허무는 강력한 도구지만, 그 혜택은 주로 풍부한 데이터와 자본을 갖춘 일부 고자원 언어에 집중된다. 저자원 언어는 번역 품질이 낮고, 이는 언어 소멸, 문화 단절, 정보 격차와 같은 구조적 문제로 이어진다. 이러한 불균형을 해소하려면 저자원 언어에 대한 관심과 투자가 필수적이다.

AI와 1인 창업?

언어 자원의 불균형

AI 기반 언어 번역 기술은 실시간 번역을 가능하게 하고, 언어 간 의사소통을 원활하게 하며, 글로벌 협력을 촉진하는 큰 잠재력을 지닌다. 그러나 이러한 기술이 모든 언어에 똑같이 적용되는 것은 아니다. 전 세계에는 7000개가 넘는 언어가 존재하지만, 현재의 최첨단 생성형 AI 언어 모델이 효율적으로 다룰 수 있는 언어는 극히 일부에 불과하다.

이는 AI 번역 시스템이 방대한 학습 데이터를 기반으로 발전하기 때문이다. 일부 언어는 충분한 데이터를 확보해 고성능 번역이 가능하지만, 많은 언어는 데이터가 부족해 번역 품질이 낮아질 수밖에 없다. 이와 같은 차이는 고자원 언어와 저자원 언어 간의 격차로 나타난다.

이 격차가 왜 생기는지, 그 배경을 조금 더 들여다볼 필요가 있다.

고자원 언어와 저자원 언어의 개념

고자원 언어는 일반적으로 언어 자원이 풍부한 언어를 뜻하며, 여기에는 인적 자원과 기술적 자원이 모두 포함된다(Nigatu et al., 2024). 인적 자원에는 화자, 작가, 번역가, 언어 전문가, 데이터 주석가(annotator)가 포함되며, 기술적 자원으로는 자연어 처리(Natural Language Processing) 도구, 언어 말뭉치, 기계 번역 시스템, 감정 분석 도구, 사전 및 유의어 사전, 음성 인식 시스템 등이 있다.

언어 간 자원의 격차는 여러 요인이 복합적으로 작용하지만, 가장 큰 원인은 데이터 자원의 불균형이다(Cohere For AI, 2024). AI 언어 모델은 주로 고품질의 텍스트 데이터 세트(dataset)에 의존하며, 현재 사용되는 데이터세트는 영어, 독일어, 스페인어, 불어, 중국어, 러시아어, 일본어 등 고자원 언어를 중심으로 구축되어 있다.

고자원 언어는 문화적 · 경제적 영향력이 크고, 인터넷에서 많이 사용되며, 언어 연구와 기술 개발에서도 많은 관심과 투자를 받는다. 반면, 저자원 언어는 자원이 부족하고 기술적 지원이 적은 언어들로, 데이터 부족과 품질 문제로 인해 AI 번역 시스템에서 어려움을 겪는다.

언어 자본의 격차

저자원 언어는 온라인에서 사용할 수 있는 콘텐츠 자체가 적다. 예를 들어, 핀란드어, 슬로베니아어, 힌디어, 벵골어, 네팔어 등은 언어 자원과 고품질 데이터 세트의 부족으로 AI와 자연어 처리 분야에서 종종 저자원 언어로 분류된다.

전 세계 약 7000개의 언어 중에서 데이터 세트에 쉽게 접근할 수 있는 언어는 약 1500개에 불과하고, 그중 고품질 데이터 세트를 갖춘 언어는 더욱 적다(Cohere For AI, 2024). 자원 부족과 품질 문제로 많은 언어는 AI 학습에서 소외되고, 이로 인해 AI 모델의 성능도 저하될 수밖에 없다.

언어 자원은 그 언어의 사용자 수와 반드시 비례하지 않는다. 예를 들어, 스와힐리어(Kiswahili)는 약 2억 명이 사용하는 언어지만(UNESCO, 2024), 온라인 콘텐츠와 자연어 처리 자원은 부족해 저자원 언어로 간주된다. 반면 네덜란드어는 사용자 수가 2900만 명 정도지만 언어학 연구와 기술 개발이 활발해 고자원 언어로 분류된다. 웹 콘텐츠에서도 상위 10위 안에 들 만큼 디지털 존재감이 크다(Petrosyan, 2025).

또한 저자원 언어는 문법과 어휘의 표준화가 부족하거나 데이터 자체가 적어, AI가 같은 의미를 전달하기 위해 더 많은 토큰(token)을 필요로 하는 경우도 많다. 토큰이 많아질수록 처리 속도가 느려지고 더 많은 계산 자원이 소모되므로 경제적 부담이 커진다(Cohere For AI, 2024).

반면, 영어, 프랑스어, 독일어처럼 문법 규칙이 잘 정리되어 있는 고자원 언어는 적은 토큰으로도 명확한 의미 전달이 가능해 AI 번역 시스템에서 더 효율적인 성능을 발휘한다. 이 역시 고자원 언어들이 번역 성능에서 앞서는 중요한 이유 중 하나다.

언어 격차의 문제와 영향

AI 번역에서 나타나는 언어 격차는 단순한 기술적 문제를 넘어선다. 언어에 따라 번역 품질이 다르게 나타나는 현상은 결국 언어 사용자의 정보 접근, 문화 보존, 소통의 권리와 직결된다. 특히 저자원 언어는 AI 시스템 내에서 구조적으로 소외되며, 이는 사회적 불평등, 문화 소멸, 정보 왜곡, 기술 악용 등의 문제로 이어질 수 있다.

저자원 언어의 소멸

AI 번역 기술은 의료, 교육, 법률 등 필수 서비스 영역에서 점차 활용되고 있다. 그러나 저자원 언어는 학습 데이터의 부족으로 번역 대상에서 제외되는 경우가 많다. 나바호어(Navajo), 애버리지니어(Aboriginal languages), 케추아어(Quechua)와 같이 AI가 거의 다루지 못하는 언어들은 중요한 공공 서비스 영역에서 쉽게 배제되며, 이로 인해 해당 언어 사용자들은 필수적인 정보로부터 소외된다. 이러한 상황이 반복될 경우 해당 언어의 사회적 사용 기회가 줄어들고, 장기적으로는 언어 자체의 소멸 가능성이 높아질 수 있다.

문화의 소멸

언어의 소멸은 단순히 말의 사라짐을 의미하지 않는다. 언어는 그 언어를 사용하는 공동체의 역사, 지식, 가치관, 세계관을 담고 있는 문화적 자산이다. 많은 저자원 언어는 자연과 인간의 관계, 공동체 중심의 삶의 방식, 세대 간 전승되는 지혜를 고유한 언어 구조를 통해 전달한다(Zhong et al., 2024). 그러나 AI 시스템이 이들 언어를 번역하거나 분석하지 못할 경우, 이러한 문화적 지식은 디지털 환경에서 기록되지 않고 사라지게 된다. 언어의 소멸은 곧 문화의 단절을 의미하며, 이는 인류 전체의 문화적 다양성과 지적 자산이 줄어드는 결과로 이어질 수 있다.

편향된 번역과 비효율성

AI 번역의 정확도는 학습된 데이터의 양과 질에 크게 의존한다. 고자원 언어는 풍부한 자료 덕분에 높은 번역 정확도와 자연스러운 표현을 제공하지만, 저자원 언어는 자료가 부족하고 불균형하여 번역의 편향성과 비효율성을 피하기 어렵다. 특히 저자원 언어의 고유한 문법 구조와 문화적 맥락을 반영한 표현이 기존 고자원 언어 중심의 번역 시스템으로는 왜곡되기 쉽다(Cohere For AI, 2024; Zhong et al., 2024). 다시 말해, 특정 언어만이 지닌 구술 전통이나 사회적 배경을 담은 문장은 번역 과정에서 그 뉘앙스가 삭제되거나 오해될 수 있다. 이러한 왜곡은 특히 의료나 법률처럼 정밀하고 정확한 해석이 요구되는 분야에서 사용자에게 심각한 피해를 초래할 수 있다.

악용 가능성

AI 번역 시스템이 저자원 언어를 제대로 처리하지 못할 경우, 이 취약점을 악용하려는 사이버 범죄자들의 개입 가능성도 커진다. 번역 오류를 이용한 피싱 공격이나 허위 정보 유포가 대표적인 사례다. AI의 불완전한 번역은 악의적인 사용자가 특정 언어의 취약점을 파고들 기회를 제공하며, 이는 개인 정보 유출이나 사회적 혼란으로 이어질 수 있다(Yong et al., 2023). 예를 들어, 공격자는 번역 오류를 이용해 잘못된 정보나 유해한 콘텐츠를 특정 지역 사회에 퍼뜨릴 수 있으며, 이는 사회적 신뢰를 해치는 결과를 낳을 수 있다. 특히 저자원 언어의 경우, 번역 시스템이 해당 언어와 문화적 맥락을 제대로 반영하지 못하면 피해가 더욱 심각해질 수 있다(Yong et al., 2023).

언어 격차 개선 방향

저자원 언어의 번역 품질을 향상하기 위한 가장 중요한 과제는 데이터 자원의 확보다. 특히 AI 학습에 적합한 고품질 데이터 세트를 구축하는 일이 선행되어야 한다. 저자원 언어를 사용하는 커뮤니티와 협력해 현지 언어 자료를 수집하고 공개된 기계 번역 데이터 세트를 적극 활용하면 학습 자료를 보다 신속하게 확보할 수 있다. 다양한 언어 쌍을 아우르는 학습이 가능해지면 번역 품질 역시 단계적으로 개선될 수 있다. 나아가 자동화된 데이터 주석화 기술을 도입하고 정기적인 데이터 업데이트가 가능한 인프라를 마련해야 시스템의 정확성과 지속 가능성을 함께 높일 수 있다.

저자원 언어의 AI 번역 성능을 개선하려면 원어민 언어 전문가, 지역 커뮤니티, 기술 개발자 간의 긴밀한 협력이 필수적이다. 원어민 전문가들은 문법, 어휘, 사회적 맥락에 대한 정교한 이해를 바탕으로 모델 설계에 실질적인 도움을 줄 수 있으며, 커뮤니티 중심의 데이터 수

집과 주석화 프로젝트는 언어 사용자의 직접 참여를 통해 번역 시스템의 현실성과 정밀도를 높일 수 있다. 이러한 다층적 협력을 통해 저자원 언어 기반의 AI 번역 시스템은 보다 정확하고 효율적으로 발전할 수 있으며, 결과적으로 다양한 언어와 문화를 아우르는 공정한 번역 환경을 구현하는 데 기여할 수 있다.

참고문헌

Cohere For AI(2024). Policy primer: The AI language gap.

Nigatu, H. H. et al.(2024). The Zeno's Paradox of Low-Resource' Languages. arXiv:2410.20817.

Petrosyan, A.(2025). Languages most frequently used for web content as of February 2025, by share of websites. Statista. https://www.statista.com/statistics/262946/most-common-languages-on-the-internet/

UNESCO(2024.7.7). Celebration of World Kiswahili Language Day: UNESCO tribute to education and the culture of peace. https://www.unesco.org/en/articles/celebration-world-kiswahili-language-day-unesco-tribute-education-and-culture-peace

Yong, Z. X. et al.(2023). Low-resource languages jailbreak gpt-4. arXiv:2310.02446.

Zhong, T. et al.(2024). Opportunities and Challenges of Large Language Models for Low-Resource Languages in Humanities Research. arXiv:2412.04497.

02
문화적 편향

문화는 번역될 수 있지만 복사될 수는 없다. 진정한 번역은 언어에 담긴 문화적 뉘앙스와 맥락까지 포착해야 한다. 그러나 현재의 AI 번역 시스템은 대체로 특정 문화에 편향된 데이터를 기반으로 작동하며, 그 결과 원문의 의도나 감정을 왜곡하고 문화적 다양성을 훼손하기도 한다. 문화적 감수성이 결여된 번역은 기술이 열어야 할 진정한 소통의 가능성을 제한한다.

AI와 MBTI?

문화적 편향의 원인

"언어를 넘어, 문화까지 이해하는 번역이 가능할까?"

AI 기술 덕분에 클릭 한 번으로 다양한 언어로 소통할 수 있는 시대가 되었지만, 이 기술이 제공하는 번역은 단순히 단어를 바꾸는 것에 그치지 않는다. 언어가 품고 있는 문화적 뉘앙스와 맥락을 얼마나 잘 반영하느냐에 따라 번역의 신뢰성과 설득력은 크게 달라진다. 기술이 언어 장벽을 허물고 있는 듯 보이지만, 그 이면에는 간과되기 쉬운 문화적 편향의 문제가 자리하고 있다.

기술 중심 사고와 문화 맥락의 배제

AI 번역 시스템은 언어 차이를 주로 기술적 문제로 간주하고, 문화적 맥락을 충분히 고려하지 못하는 경우가 많다(Cohere For AI, 2024). 하지만 언어는 단순한 의사소통 수단이 아니라, 각기 다른 역사적 · 사회적 경험과 문화적 정서를 담고 있는 그 사회의 거울이다.

기계적 사고방식은 언어를 문자 그대로의 의미로만 해석하며, 그 언어에 내재된 정서나 문화적 색채를 놓치기 쉽다. 결국 이런 번역은 말의 표면만 옮기는 데 그치고, 의미의 깊이나 감정은 전하지 못한다. 이는 단순한 번역 실수를 넘어, 원문의 의도와 분위기를 왜곡할 위험을 낳는다.

편향된 훈련 데이터의 영향

AI 번역 시스템은 훈련 데이터의 양과 질에 따라 성능이 결정된다(Naveen & Trojovský, 2024). 문제는 대부분의 데이터가 영어를 중심으로 한 고자원 언어에 집중되어 있다는 점이다. 그 결과, 번역의 시각 역시 영어권 문화에 편중되기 쉽다.

다양한 언어는 영어 중심의 문화적 렌즈를 통과하면서 고유한 표현과 정서를 잃거나 왜곡되는 경우가 많다. 문화적 맥락이 충분히 반영되지 않으면 AI는 언어를 하나의 기준에 따라 기계적으로 해석하게 되고, 결국 언어는 획일화되고 문화의 다양성은 점점 사라질 것이다.

문맥 상실과 감성 코드의 누락

번역에서 문맥은 단어의 의미만큼이나 중요하다(Naveen & Trojovský, 2024). 특히 문화적 상징이나 감성 코드가 강하게 작용하는 표현일수록 문맥을 무시하면 전혀 다른 의미로 전달될 수 있다.

예를 들어 영화 제목 번역은 단순한 직역을 넘어서 문화적 감성과 시대적 정서를 반영한 현지화(localization)

가 필요하다. 〈Night at the Museum(박물관에서의 하룻밤)〉이 〈박물관이 살아 있다!〉, 〈Shallow Hal(얕은 핼)〉이 〈내겐 너무 가벼운 그녀〉로 바뀐 이유도 여기에 있다. 〈Frozen(얼어붙은)〉이 〈겨울 왕국〉으로, 〈Lost in Translation(번역 속에서 길을 잃다)〉이 〈사랑도 통역이 되나요?〉로 번역된 사례 역시, 문화적 감수성과 관객의 정서에 대한 이해가 반영된 결과다.

AI는 아직 이러한 문화적 감각을 충분히 학습하지 못한다. 문맥과 감정을 이해하지 못한 번역은 엉뚱하거나 무미건조할 수 있으며, 이는 의사소통의 실패로 이어질 수 있다. AI 번역 시스템이 진정한 의미의 '문화적 소통'을 실현하려면, 표면적 의미뿐 아니라 그 이면의 맥락과 정서를 읽어 낼 수 있는 능력이 필수적이다.

문화적 둔감성과 번역 오류

AI 번역 시스템은 점점 더 정교해지고 있지만 여전히 문화적 맥락을 제대로 반영하지 못하는 경우가 많다. 문화적 뉘앙스를 포착하지 못한 번역은 단순한 어색함을 넘어 의사소통의 실패나 사회적 오해로 이어질 수 있다. 특히 이름, 존칭, 감정 표현, 대명사 사용 등은 언어마다 그 의미와 쓰임이 달라, AI가 이를 정확히 이해하지 못할 경우 심각한 오역이 발생할 수 있다. 다음 사례들은 문화적 민감성을 고려하지 않은 AI 번역이 어떤 문제를 초래할 수 있는지를 보여 준다.

문화적 관용 표현의 오류

한국어에서 "식사하셨어요?"는 가볍게 안부를 묻는 인사말로 자주 쓰인다. 그러나 이를 AI가 문자 그대로 "Did you eat?"라고 번역하면, 비한국어 화자에게는 지나치게 사적인 질문처럼 느껴질 수 있다. 이러한 직역은 의도한 의미를 제대로 전달하지 못할 뿐 아니라 문화 간 오해를 불러올 수 있다.

이처럼 관용 표현이나 문화적 은유는 단순한 단어 변환으로 해결되지 않는다. '이모', '삼촌'과 같은 표현도 혈연을 넘어 친근함의 의미로 사용되는데, 이를 그대로 'aunt'나 'uncle'로 번역하면 문화적 뉘앙스를 놓치게 된다. AI 번역 시스템이 이런 차이를 인식하지 못할 경우 원래 문장의 감정과 분위기는 왜곡될 수밖에 없다.

대명사 번역 오류와 망명 실패 사례

2020년, 아프가니스탄 출신의 한 난민은 번역 실수로 미국 법원에서 망명 비자를 거부당했다(Deck, 2023). 초기

인터뷰에서 그녀는 특정 사건을 혼자 겪었다고 진술했지만, 해당 언어를 할 수 있는 사람이 없어 법원에서 AI로 번역한 서면 번역문에서는 'I(나)'가 'we(우리)'로 번역되어 사건을 여럿이 함께 겪은 것처럼 보였다. 이로 인해 법원은 진술 내용의 일관성에 의문을 제기하며 그녀의 망명 신청을 기각했다.

이 사건은 AI 번역 도구가 문화적 맥락은 물론, 대명사 사용의 미묘한 의미 차이를 포착하지 못했을 때 발생할 수 있는 심각한 결과를 보여 준다. 많은 언어에서 'I'와 'we'는 단순한 문법적 구분이 아니라 사회적 정체성이나 공동체 의식을 반영하기도 한다. 하지만 AI 시스템은 이를 구분할 역량이 부족했다. 무심한 번역 하나가 한 사람의 운명을 바꾸는 결과를 낳았다.

한국어 존칭 표현의 번역 한계

한국어는 화자와 청자의 관계, 사회적 지위, 나이 등에 따라 다양한 존댓말과 호칭을 사용한다. 같은 상황에서도 '마셔', '들게', '드시게나', '드세요', '드십시오', '드셔보십시오'처럼 수많은 표현이 존재한다. 이들은 단순히 공손함의 정도가 아니라, 관계의 거리감과 화자의 감정을 담고 있다. 그러나 AI 번역 시스템은 이러한 미묘한 차이를 인식하지 못한 채 동일한 영어 표현으로 번역할 가능성이 크다.

또한 '아저씨', '아줌마', '남자', '여자' 같은 호칭도 맥락에 따라 중립적이거나 모욕적인 뉘앙스를 가질 수 있다. "이 여자가 정신이 있나?"에서 '이 여자'라는 표현을 AI가 단순히 'this woman'으로 번역할 수 있지만, 영어에서는 이 표현이 갖는 뉘앙스가 훨씬 덜 공격적으로 들릴 수 있다. 유사하게 한국어 원문에선 분명한 감정 표현이 있었는데 번역 과정에서 사라져 의도치 않은 의미 전달 실패로 이어질 수 있다.

문화적 편향 완화 방안

AI 번역 시스템에서 문화적 편향을 줄이기 위한 핵심 전략 중 하나는 훈련 데이터의 다양성 확보다(Naveen & Trojovský, 2024; Tenzer et al., 2024). 다양한 언어와 문화적 배경을 반영한 데이터 세트(dataset)를 사용하면 특정 문화권에 편중되지 않고, 다양한 사회적 규범과 감정 표현을 포용할 수 있다. 실제로 'No Language Left Behind(모든 언어를 위한 AI 번역)' 프로젝트(Costa-jussà et al., 2022)는 전 세계 약 7000개의 언어 중 200개 언어로 AI 번역을 확장한 바 있으나, 소수 언어의 재활성화를 위해서는 더욱 광범위한 데이터 구축이 필요하다.

전문가 피드백을 통한 정밀 조정도 필수적이다(Tenzer et al., 2024). AI 시스템은 문화적 맥락을 충분히 이해하지 못할 수 있기 때문에, 문화적 차이를 존중하는 방식으로 번역 결과를 개선할 필요가 있다. 이를 위해 전문가들이 제공하는 피드백을 통해 번역 모델을 꾸준히 조정하고, 문화적 다양성과 맥락을 보다 충실히 반영할 수 있도록 해야 한다. 예를 들어, IBM의 'AI Fairness 360(AI 공정성 360)' 프로젝트(Bellamy et al., 2019)는 AI 모델에서 다양한 종류의 편향을 식별하고 완화하는 방법을 제공하는데, 이는 문화적 편향을 포함한 여러 유형의 편향을 줄이는 데 기여할 수 있다.

AI 번역 시스템의 투명성 또한 간과할 수 없다. 사용자가 번역 결과가 어떻게 도출되었는지를 이해할 수 있도록 시스템의 작동 방식과 기준을 명확히 설명하는 기능이 필요하다. 특정 문화권의 가치관이나 표현 방식에 치우치지 않도록 문화적 맥락을 반영한 번역이 이루어졌는지 점검하는 절차도 함께 마련되어야 한다.

마지막으로, 주기적인 번역 결과 검토를 통해 AI 시스템의 편향을 지속적으로 점검하고, 훈련 데이터의 편향 가능성을 사전에 감지·수정하는 프로세스를 구축하는 것이 중요하다.

문화는 번역될 수 있지만 복사될 수는 없다.

문화적 편향을 줄이는 일은 단순히 번역 품질을 높이기 위한 과정이 아니다. 그것은 기술이 언어를 넘어 문화를 이해하는 여정을 시작하게 만드는 출발점이다. 진정한 소통은 기술의 정밀함뿐 아니라 문화에 대한 섬세한 감각에서 비롯된다.

참고문헌

Bellamy, R. K. et al.(2019). AI Fairness 360: An extensible toolkit for detecting and mitigating algorithmic bias. *IBM Journal of Research and Development, 63*(4/5). https://doi.org/10.1147/JRD.2019.2942287

Cohere For AI(2024). Policy primer: The AI language gap.

Costa-jussà, M. R. et al.(2022). No language left behind: Scaling human-centered machine translation. arXiv:2207.04672.

Deck, A.(2023.4.19). AI translation is jeopardizing Afghan asylum claims. Rest of World. https://restofworld.org/2023/ai-translation-errors-afghan-refugees-asylum/

Naveen, P. & Trojovský, P.(2024). Overview and challenges of machine translation for contextually appropriate translations. *iScience, 27*(10).

Tenzer, H. et al.(2024). AI machine translation tools must be taught cultural differences too. *Nature, 630*(8018), 820.

03
젠더 편향

보이지 않는 선택이 편향을 만든다. AI 번역기는 학습 데이터 속 통계적 경향을 따라, 성별이 불분명한 문장조차 남성 중심으로 번역하는 경향이 있다. 예컨대 '내 동생'이라는 표현이 자주 'my younger brother'로 번역되는 이유도 여기에 있다. 이런 결과는 언어의 다양성과 유연성을 축소하고 AI에 내재된 편향을 더욱 강화할 수 있다.

AI와 난임 극복?

AI 번역의 젠더 편향 현황

AI 번역 기술이 빠르게 진화하고 있는 가운데, 2022년 11월에는 생성형 AI인 챗GPT(ChatGPT)가 등장해 번역의 정확성, 자연스러움, 그리고 언어적 포용성 등을 한층 높였다. 이 변화 속에서 AI 번역기가 젠더를 얼마나 정교하게 인식하는지, 과거와 현재의 번역 결과를 비교해 보면 그 진화의 방향을 가늠할 수 있다.

이 장에서는 한국어-영어 번역에서 젠더 표현이 어떻게 처리되는지를 살펴보기 위해 국내 대표 번역기인 파파고, 세계적으로 널리 사용되는 구글 번역, 그리고 최근에 나온 가장 주목받는 GPT-4.0의 번역 결과를 비교한다. 특히 2022년에 필자가 직접 작성한 평가용 텍스트를 활용해 파파고와 구글 번역이 2년 사이 얼마나 달라졌는지, 그리고 GPT는 현재 어떤 방식으로 젠더 표현을 처리하는지를 살펴볼 것이다.

잘 알려진 바와 같이, 한국어는 영어와 달리 인칭 대명사에서 성별 구분이 필수가 아니다. 예컨대 '내 동생'이라고 말하면, 상대방이 굳이 "남동생이야? 여동생이야?"라고 묻지 않는다. 하지만 영어에서는 'my younger brother(내 남동생)', 'my younger sister(내 여동생)'처럼 성별 명시가 요구된다. 이 장의 핵심은 바로 이러한 언어적 차이가 AI 번역에 어떤 방식으로 반영되고 있으며, 그 과정에서 젠더 편향이 얼마나 나타나는지를 비교를 통해 드러내는 데 있다.

AI 번역의 젠더 처리 방식

아래는 2022년 평가 문장이다.

> 오늘 나는 동생과 함께 전자 대리점에 들렀다. 대리점에서 우연찮게 내 대학 동창을 만났다. 동창이 말하길 둘째 아이 노트북을 사러 왔다고 했다. 동생 노트북을 사서 집으로 돌아오는 길에 직장 동료를 만나 카페에서 잠시 이야기를 나누었다. 동료는 오늘 저녁 친구 생일 파티에 간다면서 꽃을 사러 나왔다고 했다(남영자, 2023).

AI 번역 결과: 2022년과 2024년

(1) GPT

① 2024년 9월 28일(2022년 버전 없음)

Today, I stopped by an electronics store with my younger sibling. While at the store, I unexpectedly ran into one of my college classmates. The classmate said they came to buy a laptop for their second child. After buying my sibling's laptop, I met a colleague on the way home and chatted for a while at a café. The colleague mentioned they were going out to buy flowers for a friend's birthday party this evening.

(2) 구글 번역

① 2022년 2월 28일

Today, my brother and I stopped by an electronics store. I met one of my college classmates by chance at a dealership. A classmate said that he came to buy a laptop for the second child. On the way home from buying a laptop for my brother, I met a co-worker and chatted for a while at a cafe. A colleague said he was going to a friend's birthday party this evening and came out to buy flowers.

② 2024년 9월 28일

Today, I stopped by an electronics store with my younger brother. I met one of my college classmates at the store. He said he was there to buy a laptop for his second child. On the way home after buying my younger brother's laptop, I met a coworker and chatted with him for a while at a cafe. He said he was going to a friend's birthday party that evening and came out to buy flowers.

(3) 파파고

① 2022년 2월 28일

Today, I stopped by an electronic agency with my younger brother. I accidentally met one of my college alumni at the agency. My colleague said he came to buy a laptop for his second child. On my way home from buying my younger brother's laptop, I met my co-worker and talked for a while at a cafe. A colleague said he was going to a friend's birthday party this evening and came out to buy flowers.

② 2024년 9월 28일

Today, I stopped by an electronic agency with my younger brother. I happened to meet one of my college classmates at the agency. The classmate said he came to buy a laptop for his second child. On the way back home after buying my younger brother's laptop, I met my co-worker and talked for a while at the cafe. The co-worker said she was going to a friend's birthday party tonight and came out to buy flowers.

AI 번역 결과 비교

2022년 11월에 출시된 GPT의 2022년 번역 결과는 존재하지 않지만, 2024년 기준으로 젠더가 불분명한 표현을 보다 섬세하게 처리했다. '동생'은 남성과 여성을 아우르는 'sibling(형제자매)'으로 번역했고, '동창'과 '직장 동료'는 성별 중립 표현인 'they(그들)'로 옮겨 성급한 성별 판단을 피했다. 이는 단순한 정확도 향상을 넘어, 언어적 포용성과 감수성 면에서도 한 걸음 더 나아간 접근이라 할 수 있다.

반면 구글 번역은 2022년과 2024년 모두 '동생', '동창', '직장 동료'를 각각 'brother(남동생)', 'he(그)', 'he'로 번역했다. 성별 정보가 주어지지 않았음에도 기본적으로 남성을 가정하는 경향이 일관되게 드러난다.

파파고는 두 해 모두 '동생'을 'brother', '동창'을 'he'로 번역했으며, '직장 동료'는 2022년에는 'he', 2024년에는 'she(그녀)'로 처리해 성별 판단 기준이 일관되지 않았다.

추가 AI 번역 결과 비교

세 번역 시스템의 차이는 '지도 교수님 부부를 만났다'는 문장을 번역한 결과에서도 뚜렷하게 드러난다(2024년 9월 28일 확인). GPT는 'my advisor and their spouse(내 지도 교수님과 그들의 배우자)'로 번역해 성별을 특정하지 않고 포괄적인 표현을 사용했다. 반면 파파고와 구글 번역은 각각 'my supervisor and his wife(내 지도 교수님과 그의 아내)', 'my advisor and his wife(내 지도 교수님과 그의 아내)'로 옮겨, 성별이 명시되지 않았음에도 교수를 남성으로 가정했다.

최근 영어권에서는 성별을 특정하지 않기 위해 3인칭 단수에도 'they, their(그들의), them(그들을)'을 사용하는 사례가 점점 늘고 있다. GPT의 번역은 이러한 언어 변화를 반영함과 동시에, 원문에 담긴 정보 범위를 넘지 않으려는 신중한 태도를 보여 준다. 이는 AI가 단순한 문장 처리 수준을 넘어 문화적 흐름과 언어적 민감성까지 반영할 수 있음을 시사하는 흥미로운 예라 할 수 있다.

젠더 편향의 원인 및 개선 방안

AI 번역기에서 성별이 명시되지 않은 표현에 남성 대명사를 기본 값으로 사용하는 경향은 젠더 편향의 대표적인 사례다. 그 원인은 크게 두 가지, 훈련 데이터의 편향과 알고리즘 구조의 한계로 나눌 수 있다.

훈련 데이터의 편향

첫째, 데이터 자체에 사회적 고정 관념이 내재되어 있다. 예컨대 '그는 CEO다' 같은 문장이 다수 포함된 데이터는 특정 직업을 남성으로 연결 짓는 학습 결과를 낳는다.

둘째, 다양성 부족이다. 많은 데이터 세트(dataset)는 비이분법적 혹은 젠더 중립적 언어를 충분히 반영하지 못하기 때문에, AI 번역기는 인칭 대명사 처리에서 전통적인 이분법적 구분에 의존하게 된다. 예를 들어, 젠더 중립적인 튀르키예어 문장 'O bir doktor(그들은 의사다)', 'O bir hemsire(그들은 간호사다)', 'O bir mühendis(그들은 엔지니어다)'를 구글 번역과 GPT 모두 각각 '그는 의사다', '그녀는 간호사다', '그는 엔지니어다'로 번역한 사례가 있다.

셋째, 문화적 편향이다. 전통적 성 역할 규범이 강한 문화권의 데이터를 기반으로 하면, AI는 '여성 = 가정주부' 식의 묘사를 그대로 재생산할 수 있다.

알고리즘 구조의 한계

AI는 복잡한 문장을 단순화하려는 경향이 있다. 이때 젠더가 모호하면 학습된 확률에 따라 남성 대명사를 기본값으로 선택하는 경우가 많다. 또한 문맥을 충분히 이해하기 어려운 구조는 번역 과정에서 젠더 판단 오류를 더욱 쉽게 일으킨다. 여기에 사용자의 수정이 반복되면 AI는 이를 다시 학습하며 편향을 재생산하고 강화하는 피드백 루프(feedback loop)가 형성된다. 피드백 루프는 AI 시스템이 이전의 결과를 다시 학습하여 그 학습을 바탕으로 점점 더 같은 결과를 만들어 내는 과정이다. 예를 들어 성별에 대한 편향이 포함된 사용자 수정이 계속 반복되면, AI는 이러한 수정 사항을 학습하여 성별 편향을 반복적으로 생성하는 악순환을 초래할 수 있다.

젠더 편향 개선 방안

젠더 편향을 줄이기 위해선 무엇보다 훈련 데이터의 다양성과 균형이 중요하다. 젠더 중립적 언어 데이터를 적극적으로 학습시키고, 정기적인 편향 점검 및 수정 작업을 병행해야 한다. 민감한 문장은 인간 검토가 필요하며, 사용자 피드백 시스템을 통해 번역 품질을 개선해 나갈 수 있다.

또한 다양한 언어의 인칭 대명사 사용법을 반영한 알고리즘 개선이 필요하며, 공학자, 언어학자, 사회학자의 협업을 통해 젠더 포괄성을 높이는 기술 설계가 요구된다. 젠더는 문법의 문제가 아니라 문화적 인식의 문제이기 때문이다.

참고문헌

남영자(2023). "AI야, 이것도 번역해 줄래?: 인공지능 번역은 남성에 우호적이다?". 《더 나은 AI, 더 나은 삶》, 104~110쪽. 마이북하우스.

Hall, P. & Ellis, D.(2023). A systematic review of socio-technical gender bias in AI algorithms. *Online Information Review, 47*(7), pp.1264~1279.

04
K-맛 표현

맛은 기억이요, 추억이다. 몇 해 장독대에서 사계절을 품은 된장의 구수함, 파김치 한 젓가락이 남기는 알싸한 여운.
맛은 단지 미각이 아니라 시간과 정서를 건드리는 감각이다. 하지만 이 섬세한 맛의 언어도 AI 번역 시스템을 만나면, 분화된 감각이 하나의 단어로 단조롭게 정리된다. 감각의 깊이가 사라지면 함께 묻어 있던 기억의 울림도 희미해진다.

AI와 사주?

K-맛 표현

깊고 진한 감칠맛의 된장찌개, 얼큰하면서도 시원한 조기매운탕, 알싸하게 매콤한 파김치, 은은한 단맛의 식혜. 한국어의 맛 표현은 단순한 미각 묘사를 넘어 감각과 정서를 함께 품는다. 가히 한국인은 맛을 표현하는 데 미슐랭 3스타의 경지를 넘어서는 언어적 정교함을 지녔다. 이러한 '맛 정서'는 개인의 경험을 넘어, 한국어 화자가 공유하는 집단적 감각일지도 모른다.

같은 매운맛이라도 '매콤하다, 칼칼하다, 얼큰하다, 맵짜다' 등으로 세분화되는 한국어의 표현은, 한국인에게는 직관적이지만 영어 등 타 언어로는 옮기기 어려운 미묘한 뉘앙스를 담고 있다. 이는 단순한 어휘의 차원이 아니라, 사계절을 품은 발효와 조리의 깊이를 언어로 풀어낸 결과다. 된장의 구수함, 김치의 시원함은 'savory(풍미 있는)'나 'refreshing(상쾌한)' 같은 단어로는 도저히 다 담을 수 없다.

맛의 언어는 단순한 표현의 문제가 아니다. 된장찌개 한 숟갈, 식혜 한 모금은 음식을 넘어 삶의 조각들을 소환한다. 맛은 기억이요, 추억이다. 그래서 한국어의 맛 표현에는 감각뿐 아니라 시간과 기억, 그리고 문화가 함께 녹아 있다. 그것은 그저 묘사가 아니라, 말 속에 밴 '맛 정서'다.

AI 번역으로 본 K-맛 표현

AI 번역은 주로 단어 간 대응에 기반하지만, 한국어의 맛 표현처럼 세분화된 언어는 문맥과 문화적 배경까지 고려해야 정확한 번역이 가능하다. 특히 대상 언어에 유사한 개념이 없을 경우, 의미 전달의 정밀도가 관건이다. 이 절에서는 '맵다' 계열 표현을 중심으로 GPT, 구글 번역, 파파고의 번역 결과를 비교 분석해 AI가 문맥과 감각적 뉘앙스를 얼마나 반영하는지 살피고 그 한계를 짚어 본다.

AI 번역 결과

(1) GPT

맵다(spicy), 매콤하다(mildly spicy, pleasantly hot), 칼칼하다(sharp and refreshing spicy, often used for soups), 얼큰하다(spicy and rich, usually for broths/stews), 알알하다(tingling, pungent spiciness), 알할하다(tingling but slightly numbing), 얼얼하다(strongly numbing, intensely spicy), 알싸하다(sharp, cool spiciness – like wasabi or radish), 맵싸하다(bitter and spicy at the same time), 맵디맵다

(extremely spicy, overwhelmingly hot), 맵짜다(spicy and salty combined), 신랄하다(sharp and biting – often used metaphorically)

(2) 구글 번역

맵다(spicy), 매콤하다(spicy), 칼칼하다(sharp), 얼큰하다(prickly), 알알하다(clear), 알할하다(alhalhada), 얼얼하다(tingling), 알싸하다(succinct), 맵싸하다(spicy), 맵디맵다(so spicy), 맵짜다(spicy), 신랄하다(bitter)

(3) 파파고

맵다(spicy), 매콤하다(spicy), 칼칼하다(sharp), 얼큰하다(hot), 알알하다(know one's heart), 알할하다(be worthy of knowledge), 얼얼하다(have a tingling sensation), 알싸하다(be cheap), 맵싸하다(have a bad fight), 맵디맵다(spicy), 맵짜다(too hot), 신랄하다(be harsh)

AI 번역 결과 비교

① 맵다

세 번역 모두 'spicy(매운)'로 번역해 비교적 정확한 결과를 보였다.

② 매콤하다

냄새나 맛이 은근하게 매운 느낌인데, GPT는 'mildly spicy(순하게 매운)', 'pleasantly hot(기분 좋게 매운)'으로 비교적 섬세하게 표현했다. 반면, 구글 번역과 파파고는 모두 'spicy'로 번역해 원래의 은은한 매운 느낌을 반영하지 못했다.

③ 칼칼하다

맵거나 텁텁한 맛이 목을 살짝 자극하는 느낌을 말한다. 세 번역 시스템 모두 이를 'sharp'로 번역했지만, 영어에서 'sharp'는 일반적으로 신맛이 강하거나 겨자, 생강처럼 톡 쏘는 맛, 또는 오래 숙성된 치즈의 강한 풍미를 표현할 때 사용된다. 따라서 'sharp'는 '칼칼하다'가 주는 한국어 특유의 맛의 뉘앙스를 정확히 전달하기 어렵다.

④ 얼큰하다

맵고 시원한 느낌을 주는 국물 요리에 자주 쓰이며, 입안이 얼얼해지는 감각을 동반하는 맛이다. GPT는 'spicy and rich, usually for broths/stews(맵고 진하며 국물 요리에 잘 어울리는)'로 비교적 충실하게 번역했다. 반면, 구글 번역은 'prickly(가시 같은, 까칠한 감촉)'로 오역해 음식의 맥락과 어울리지 않는 단어를 선택했고, 파파고는 단순히 'hot(매운)'으로 축약해 '얼큰하다'라는 표현의 복합적인 뉘앙스를 충분히 살리지 못했다.

⑤ 알알하다

혀끝을 콕콕 찌르듯 자극하는 매운맛이다. GPT는 'tingling(얼얼한 자극)', 'pungent spiciness(강하게 자극적인 매운맛)'로 비교적 정확히 표현했다. 그러나 구글 번역은 'clear(분명한)'로, 파파고는 'know one's heart (상대의 마음을 알다)'로 오역해 의미가 전혀 다른 방향으로 흐르게 되었다.

⑥ 알할하다

맵고 독한 맛이 살짝 아리고 톡 쏘는 느낌을 뜻한다. GPT는 'tingling but slightly numbing(살짝 마비되는 듯한 얼얼함)'으로 비교적 적절히 번역했다. 그러나 구글 번역은 발음을 그대로 옮긴 'alhalhada', 파파고는 'be worthy of knowledge(지식으로서의 가치가 있다)'로 번역해 원의미와는 무관한 방향으로 해석된다. 특히 파파고의 번역은 '알 가치가 있다' 혹은 '알 만하다'로 오해한 결과일 가능성이 크다.

⑦ 얼얼하다

맵거나 독하여 혀끝이 몹시 아리고 쏘는 느낌을 뜻한다. GPT는 이를 'strongly numbing, intensely spicy(강하게 마비되는 듯한 매운맛)'로 정밀하게 번역해 원뜻을 잘 반영했다. 구글 번역의 'tingling(얼얼한)', 파파고의 'have a tingling sensation(얼얼한 감각이 있다)' 역시 수용 가능한 수준이지만, 표현의 세밀함과 뉘앙스 전달 면에서는 GPT가 가장 충실한 결과를 보여 줬다.

⑧ 알싸하다

고추냉이처럼 혀나 콧속을 찌르는 매운맛이나 자극적인 냄새를 말한다. GPT는 'sharp, cool spiciness like wasabi or radish(와사비나 서양 무와 같은 차갑고 자극적인 매운맛)'로 표현해 원의미를 비교적 정확히 전달했다. 반면, 구글 번역은 'succinct(간결한)', 파파고는 'be cheap(값싼)'으로 오역해 의미 왜곡이 심했다.

⑨ 맵싸하다

고추나 겨자처럼 맵고도 싸한 맛을 뜻한다. GPT는 'bitter and spicy at the same time(동시에 쓰고 매운)'으로 어느 정도 의미를 살렸지만, 구글 번역은 단순히

'spicy'로 축약했고, 파파고는 'have a bad fight(심하게 다투다)'로 전혀 엉뚱한 의미로 번역했다. 아마도 '심하게 싸우다'를 '맵게 싸우다'로 잘못 이해한 결과일 수 있다.

⑩ 맵디맵다

'매우 맵다'는 뜻의 강조형으로, GPT는 'extremely spicy, overwhelmingly hot(극도로 맵고 압도적으로 뜨거운)'으로 표현해 강도를 잘 살렸고, 구글 번역의 'so spicy(매우 매운)'도 무난하다. 반면 파파고의 'spicy'는 강조의 맛을 전달하지 못했다.

⑪ 맵짜다

맵고 짠맛이 함께 느껴지는 복합적인 표현이지만, GPT와 구글 번역은 'spicy'로, 파파고는 'too hot(아주 매운)'으로 번역해 맵기만 강조하고 짠맛은 반영하지 못했다.

⑫ 신랄하다

자극적인 매운맛이나 매우 쓰고 맵다는 미각적 의미 외에도, 말이나 비판이 매우 날카롭다는 은유적 용법으로 자주 사용된다. GPT는 'sharp and biting, metaphorical use(날카롭고 매서운 표현, 은유적 용법)'로 이중 의미를 반영했으나, 미각적 의미는 구체적으로 드러나지 않았다. 구글 번역의 'bitter(쓴)', 파파고의 'be harsh(거칠게 말하다)'는 모두 비유적 의미에 치우쳐 본래의 맛 표현을 놓쳤다.

AI 번역의 한계와 개선 방향

한국어의 섬세한 맛 표현은 영어로 옮기기 쉽지 않다. 특히 '맵다'처럼 다양한 뉘앙스를 지닌 단어들은 대응되는 영어 표현이 부족해 번역이 단조롭고 어색해지기 쉽다. 더불어 매운맛을 인식하고 표현하는 방식 자체가 문화마다 다르기에, 같은 자극도 언어에 따라 전혀 다른 정서로 해석된다.

AI가 이런 감각의 결을 놓치지 않으려면, 단어의 뜻만이 아니라 그 안에 담긴 정서와 기억까지 읽어 내야 한다. 음식에 대한 언어는 단순한 미각의 기술이 아니라, 문화와 감정이 깃든 집단적 체험이기 때문이다.

이를 위해서는 먼저 맛 표현에 특화된 병렬 말뭉치가 필요하다. 원문과 번역문을 나란히 대응시켜 맥락 속 의미 차이를 학습하게 하고, 단어 간 거리와 뉘앙스를 정교하게 연결하는 의미 네트워크나 지식 그래프도 도움이

된다. 최근에는 음식 사진이나 조리법처럼 언어 바깥의 감각 정보를 함께 활용하는 멀티모달 기술도 주목받고 있다.

결국 AI 번역이 감각을 놓치지 않으려면 언어 바깥의 경험까지 고려할 수 있어야 한다. 특히 한국어처럼 맛의 뉘앙스를 세분화해 표현하는 언어는, 단어 하나로 의미를 담기 어렵기 때문에 번역 과정에서 많은 것이 단순화되거나 사라지기 쉽다. 이런 감각을 제대로 옮기기 위해선 기술 이상의 감수성과 이해가 필요하다. 그것이야말로 AI 번역이 향해야 할 다음 걸음이다.

05
K-색채어

'노랗다'는 설명이고, '노오랗다'는 느낌이다. 색채어는 단순히 대상의 특성을 묘사하는 데 그치지 않는다. 그 안에는 화자의 감정과 시선, 분위기와 정서, 그리고 문화까지 스며 있다. 그래서 색채어를 번역한다는 것은 색을 구분하는 데서 끝나지 않는다. 그 안에 담긴 정서를 함께 옮겨야 하는 일이다. 그리고 AI 번역은, 여전히 그 지점에서 서툴다.

AI와 아이돌?

K-색채어

노오란 개나리, 시퍼런 바다, 뽀얀 피부, 샛노란 비옷. 한국어의 색채 표현은 단순한 시각 묘사를 넘어 감정과 분위기, 심지어 화자의 시선까지 담아낸다. 같은 색이라도 상황과 맥락에 따라 표현 방식이 달라지며, 그 미묘한 차이는 감각적 여운의 차이로 이어진다.

예를 들어, 한국어 화자들은 단순히 '빨간'이라는 표현만으로는 어떤 대상의 색을 충분히 묘사할 수 없다고 느낀다. '시뻘건 선짓국', '빠알간 산수유 열매'라는 말은 '빨간 선짓국', '빨간 산수유'보다 훨씬 더 강렬하고 생생한 이미지를 전달한다. '빨간 선짓국'이라고 하면 음식 특유의 짙은 색감이나 강한 인상이 사라지고, '빨간 산수유'는 그 선명한 붉은빛에 담긴 계절감과 정서가 옅어진다.

이러한 감각은 다른 색채어에서도 마찬가지다. '노란 조명'은 기능적 묘사에 그치지만, '노르스름한 조명'은 따뜻하고 은은한 분위기를 떠올리게 한다. '까만 밤길'은 단순히 색을 설명하는 데 머무르지만, '깜깜한 밤길'은 방향감각을 잃고 불안을 느끼는 심리 상태까지 암시한다.

또한 '하얀 눈'은 깨끗함과 순수함을 떠올리게 하지만, 단지 눈의 색상인 '흰색'을 나타내는 데 머물 수 있다. 반면 '새하얀 눈'은 방금 막 내려 누구의 발자국도 닿지 않은 순백의 풍경, 티끌 하나 없이 고요한 겨울 아침을 떠올리게 한다.

이처럼 한국어의 색채어는 단순한 색상 구분을 넘어서 화자의 감각적 경험과 문화적 맥락을 함께 반영한다. '빨갛다' 하나로는 담기 어려운 차이를 표현하기 위해 '시뻘겋다', '진붉다', '빠알갛다', '불그스름하다' 등 다양한 어휘가 상황에 따라 쓰인다. 한국어 화자들 사이에서 자연스럽게 공유되는 이러한 색채 표현 역시, 다른 언어로 옮길 때에는 말맛과 분위기의 결까지 온전히 전달하기 어려울 수 있다.

이처럼 고도로 분화된 색감의 차이를 옮기는 일은 숙련된 인간 번역가에게도 쉽지 않다. 그렇다면 AI는 언어 간 색채어의 간극을 얼마나 메울 수 있을까.

AI 번역으로 본 K-색채어

한국어는 색채어가 유난히 풍부한 언어로, 붉은 계열만 보더라도 '빨갛다', '시뻘겋다', '발그레하다', '뻘겋다', '불그죽죽하다' 등 수십 가지 표현이 존재한다. 이들은 단순한 색상 차이를 넘어서 강도 · 명도 · 채도 · 질감 · 정서 등 다양한 감각을 담고 있으며, 한국어 화자들은 이 어휘

들에서 각기 다른 이미지와 분위기를 떠올린다. 따라서 이를 다른 언어로 옮길 때는 단어의 의미뿐 아니라 정서적 결까지 함께 고려해야 한다.

첫 예시로 조지훈의 〈승무〉에 등장하는 '하이얀'과 '파르라니', 서정주의 〈푸르른 날〉의 '푸르른'을 살펴보자.

① 얇은 사(紗) 하이얀 고깔은 고이 접어서 나빌레라. 파르라니 깎은 머리 박사(薄紗) 고깔에 감추오고

② 눈이 부시게 푸르른 날은 그리운 사람을 그리워하자

AI 번역 결과: 시 속 색채어

(1) GPT

① The thin silk, white hood is gently folded and flutters like a butterfly. The freshly shaven, pale head is hidden beneath the soft silk hood.

② On a dazzlingly blue day, let us long for the one we miss.

(2) 구글 번역

① The thin white gauze hat is folded neatly and called

Navillera. The shaved head is hidden in the thin gauze hat.

② On a dazzlingly blue day, let's miss the person we miss.

(3) 파파고

① A thin sai(紗) Hayan cone is folded into a navel. Dr. Farrani's shaved head. He hid it in the cone of a 薄紗.

② On a bluish day, let's miss the person we miss.

세 AI 번역기의 결과를 보면, '하이얀'은 GPT와 구글 번역 모두 'white(하얀)'로 번역한 반면, 파파고는 소리 나는 대로 'Hayan'으로 옮겼다. '파르라니'의 경우, GPT와 구글 번역은 이를 'shaved head(면도한 머리)'와 연결해 해석한 것으로 보인다. 특히 GPT는 'The freshly shaven, pale head(갓 면도한, 창백한 머리)'처럼 'freshly(갓, 이제 막)'와 'pale(창백한)'을 덧붙여 '갓 깎은', '창백한' 느낌을 살리려고 했다. 반면 파파고는 'Dr. Farrani's shaved head (파르라니 박사의 면도한 머리)'라는 엉뚱하고 우스꽝스러운 문장으로 번역했다. 이는 "파르라니 깎은 머리 박사(薄紗) 고깔에 감추오고"에서 '박사'를 '박사 학위자(Dr.)'

로 오해한 데서 비롯된 오류로 보인다. 여기서의 '박사'는 사람의 직함이 아니라 '얇은 비단'이라는 뜻의 한자어로 전혀 다른 맥락이다.

'푸르른 날'은 GPT와 구글 번역이 모두 'a dazzlingly blue day(눈부시게 푸른 날)'로, 파파고는 'a bluish day (푸르스름한 날)'로 번역했다. 세 번역기 모두 영어 단어 'blue(푸른)'를 사용했지만, 한국어 화자에게 '푸르른 날'은 '푸른 날'과는 구별되는 정서를 지닌다. 예컨대 '푸르른 날'은 맑은 하늘이나 푸른 자연을 의미함과 동시에, 화자에 따라 사무치는 그리움이나 아련한 기억을 떠올리게 하는 표현일 수도 있다. 이는 영어의 색채 범주가 한국어만큼 세분화되어 있지 않기 때문에 나타난 결과이며, 두 언어 간 색채 인식 체계의 불균형을 보여 주는 사례다.

AI 번역 결과: 일상 속 색채어

두 번째 예시로, 일상에서 자주 쓰이는 색채어에 대한 번역 결과를 살펴보자.

① 그는 누리끼리한 상의와 누르뎅뎅한 바지를 입었다.

② 노오란 은행잎과 누런 낙엽이 길가에 쌓였다.

③ 그의 얼굴은 분노로 시뻘겋게 달아올랐다.

(1) GPT

① He wore a dingy yellowish top and dull, muddy yellow pants.

② Yellow ginkgo leaves and yellowed fallen leaves were piled along the roadside.

③ His face flushed a fiery red with anger.

(2) 구글 번역

① He wore a plain shirt and plain trousers.

② Yellow ginkgo leaves and fallen leaves piled up on the roadside.

③ His face turned red with anger.

(3) 파파고

① He wore a yellow top and yellow trousers.

② Yellow ginkgo leaves and yellow leaves piled up on the side of the road.

③ His face turned red with anger.

①번 문장에서 GPT는 '누리끼리한'을 'dingy yellowish(칙칙한 누런색)', '누르뎅뎅한'을 'dull, muddy yellow(탁하고 흐린 누런색)'로 번역해, 탁하고 거무스름한 누런빛의 뉘앙스를 비교적 충실하게 반영했다. 반면 구글 번역은 두 표현을 모두 'plain(소박한, 무늬 없는)'으로 처리해 색채보다는 질감이나 디자인 요소로 해석한 것으로 보인다. 파파고는 두 표현 모두를 단순히 'yellow'로 번역해 한국어 색채어의 미묘한 스펙트럼을 담아내지 못했다.

②번 문장에서 GPT는 '노오란'을 'yellow(노랑)', '누런'을 'yellowed(누렇게 바랜)'로 구분해 두 단어의 차이를 어느 정도 살리려 했다. 하지만 '노오란'은 '노랑'보다 발음이 길고 강조되는 느낌이 있어 좀 더 선명하고 강한 이미지를 떠올리게 한다. 그래서 단순히 'yellow'라고만 옮기기엔 아쉬운 점이 있다. 반면, 구글 번역과 파파고는 두 표현을 모두 'yellow'로 처리해 말 안에 담긴 미묘한 뉘앙스까지는 담아내지 못했다.

③번에서 GPT는 '시뻘겋게'를 'fiery red(강렬한 붉은색)'로 번역해 분노의 맥락은 어느 정도 반영했지만, 접두사 '시-'가 주는 극도의 선명함과 시각적 강렬함까지는 충분히 담지 못했다. 구글 번역과 파파고는 모두 단순히

'red(빨강, 붉은)'로 처리하여 '시뻘겋다'의 강조된 색감과 정서적 강도를 제대로 전달하지 못했다.

AI 색채어 번역의 과제와 방향

AI 번역기는 '노랑', '빨강'처럼 기본적인 색상 명칭은 비교적 정확히 옮길 수 있다. 한편 감각적 · 정서적으로 확장된 색채어의 경우, 그 미묘한 뉘앙스를 제대로 살려 내는 데에는 여전히 한계가 있다.

이러한 표현은 단순한 색상 정보가 아니라 화자의 감정 상태나 문화적 감수성까지 함께 담아낸다. 따라서 그 의미는 단어 하나로 환원되기 어렵다.

AI가 이를 더 자연스럽게 번역하려면, 각 언어에서 색에 대해 떠올리는 이미지와 감정의 연결 방식을 함께 읽어 낼 수 있어야 한다. 다시 말해, 언어별로 형성된 심상 체계와 정서적 연상을 함께 고려하는 접근이 필요하다.

결국 한국어 색채어를 영어로 옮기는 일은 단순한 단어 대응을 넘어 언어적 각색과 문화적 조율을 요구하는 작업이다. 이는 '책 - book' 같은 1:1 대응이 아니라, 언어 공동체가 공유하는 감정과 정서를 어떻게 옮길 것인가에 대한 근본적인 질문으로 이어진다. AI 번역은 이러한 감각과 정서의 미묘한 결까지 살려 내기엔 여전히 한계가 있다. 그리고 바로 이 지점이, 인간 번역자와 AI의 본질적인 차이가 오랫동안 남아 있을 영역일지도 모른다.

06

K-의성어·의태어

'꼬불꼬불'은 면발이고, '꾸불꾸불'은 해안 도로다. 모양은 비슷하지만, 어감과 리듬은 전혀 다르다. 그래서 '꼬불꼬불 후루룩 짭짭 맛 좋은 라면'은 '꾸불꾸불 호로록 쩝쩝 맛 좋은 라면'으로 쉽게 바꿀 수 없다. 이처럼 한국어의 의성어 · 의태어는 소리와 모양, 감각을 직관적으로 포착하는 표현 방식이다. 그러나 이런 미묘함은 종종 AI 번역에서 상실된다.

AI와 야구?

K-의성어·의태어

한국어에는 소리와 모양, 감각을 생생하게 전달하는 표현들이 유독 풍부하다. 그중에서도 의성어와 의태어는 일상 언어뿐 아니라 문학, 광고, 동요 등 다양한 장르에서 자주 쓰이며, 한국어 특유의 정서와 리듬감을 잘 보여주는 요소다. 의성어는 언어에 생동감을 불어넣고, 의태어는 시각적 정서와 분위기까지 함께 전달하는 감각적인 표현 방식으로 작동한다.

특히 일상에서 흔히 접하는 음식, 소리, 날씨 등을 묘사할 때, 의성어와 의태어는 더욱 빛을 발한다. 한국인에게 가장 친숙한 간편식인 라면을 떠올리게 하는 "꼬불꼬불 후루룩 짭짭 맛 좋은 라면"이라는 노랫말은 그 좋은 예다. 면발의 생김새는 '꼬불꼬불', 먹는 소리는 '후루룩', 감칠맛을 더하는 음향은 '짭짭'. 이 말들 하나하나가 단어 이상의 감각을 불러일으킨다.

'꼬불꼬불'은 주로 면발처럼 가늘고 탄력 있는 형태를 표현할 때 쓰이며, 비슷한 계열의 '꾸불꾸불'은 그보다 더 크고 무거운 느낌을 주어 해안 도로처럼 구불구불한 지형이나 길을 묘사할 때 자주 쓰인다. '후루룩'은 빠르게 들이마시는 소리와 그 모양을 함께 담은 말로, 가볍게 들이마시는 '호로록'에 비해 좀 더 적극적이고 맛있게 먹는 모습이 연상된다.

'짭짭'과 '쩝쩝'은 모두 입맛을 다시는 소리지만, '쩝쩝'은 소리의 크기와 질감에서 다소 거칠고 지저분한 인상을 줄 수 있어 음식 광고 등에서는 보다 경쾌하고 부드러운 인상의 '짭짭'이 선택되는 경우가 많다.

이처럼 의성어 · 의태어는 단순한 소리나 모양의 묘사를 넘어, 한국어 화자의 감정과 정서, 그리고 사물이나 현상을 해석하는 방식을 고스란히 품고 있다.

AI 번역으로 본 K-의성어·의태어

솔솔, 살랑살랑, 휭휭, 쌩쌩. 이처럼 한국어 화자에게 바람은 단 하나의 단어로는 담기 어려운 감각이다. 바람의 세기와 방향, 계절감, 피부에 닿는 느낌까지, 단어 하나마다 떠오르는 이미지가 다르다. 비도 마찬가지다. 부슬부슬, 보슬보슬, 추적추적, 두두둑. 이 다양한 빗소리는 단순한 물리적 묘사를 넘어 정서와 기억을 자극하는 감각적 신호로 작동한다.

신석정의 시 〈그 먼 나라를 아십니까〉에 나오는 "또옥똑 따지 않으시렵니까?"라는 구절은 그 정수를 잘 보여준다. 능금이 가지에서 손끝으로 떨어지는 순간의 이미지와 소리가 '또옥똑'에 그대로 담겨 있다. 이를 '똑'이나

'똑똑'으로 바꾸면 그 생생함은 줄어든다. 글자 하나하나가 소리와 움직임을 함께 구현하는 것이다.

이처럼 의성어 · 의태어는 감각을 구현하는 고도의 언어 장치로, 리듬과 반복, 자음과 모음의 조합이 만들어내는 생동감은 마치 말이 살아 움직이는 듯한 착각을 준다.

이제 세 AI 번역기의 번역을 간단히 비교해 보자.

① 간들간들 부는 봄바람에 내 마음이 싱숭생숭하고 간질간질했다.

② 나는 사과를 또옥똑 땄다.

③ 나는 선들선들 가을바람이 불고 추적추적 비까지 내려 지글지글 보글보글 된장찌개가 생각났다.

④ 소쩍새가 소쩍소쩍 소쩍쩍 울었다.

AI 번역 결과

(1) GPT

① A soft spring breeze blew gently, making my heart flutter and feel ticklish.

② I picked the apple with a crisp ddok-ddok sound.

③ The gentle autumn breeze was blowing, and the drizzle was falling, bringing to mind the sizzling, bubbling doenjang stew.

④ The scops owl cried out, sojjeok-sojjeok, sojjeok-jjeok.

(2) 구글 번역

① My heart fluttered and tingled in the spring breeze that blew gently.

② I picked the apple again.

③ I thought of the sizzling soybean paste stew with the autumn breeze blowing and the rain falling lightly.

④ The owl cried out, hoot, hoot, hoot.

(3) 파파고

① My heart felt restless and tickled in the spring breeze.

② I picked an apple again.

③ I thought of doenjang-jjigae sizzling with autumn winds and tracking rain

④ The goosebumps wept.

AI 번역 결과 비교

(1) 간들간들 봄바람과 싱숭생숭 간질간질한 마음

GPT는 '간들간들 부는 봄바람'을 'a soft spring breeze blew gently(부드러운 봄 미풍이 가볍게 불었다)', 구글은 'the spring breeze that blew gently(부드럽게 부는 봄 미풍)'로 번역했다. 두 번역 모두 바람의 부드러움은 담았지만, '간들간들'이 지닌 고유한 뉘앙스는 충분히 전달하지 못한다. 이 표현은 단순한 부드러움을 넘어, 폭신한 리듬감과 피부에 스며드는 봄날의 따스함까지 아우른다. 파파고 역시 'spring breeze(미풍)'라고만 번역해 이러한 감각을 살리지 못했다.

'싱숭생숭하고 간질간질한 마음'이라는 표현은 번역기마다 다르게 해석되었다. GPT는 'flutter and feel ticklish(마음이 두근거리며 간지럽다)'로 번역했다. 'flutter'는 설렘이나 두근거림을 뜻하지만 마음이 어수선하고 갈팡질팡하는 싱숭생숭한 상태와는 의미상 차이가 있다. 'ticklish'는 주로 신체적 간지러운 감각을 표현하는 단어로 감정 상태를 나타내기엔 적절하지 않다.

구글 번역은 'fluttered and tingled(마음이 두근거리

며 간질간질하다)'라고 옮겼으며, 설렘과 감정의 움직임을 함께 표현해 GPT에 비해 비교적 자연스럽다. 다만 싱숭생숭한 감정을 설렘의 감정으로 해석한 점은 원래의 어수선하고 복잡한 마음 상태를 충분히 전달하지 못한다.

파파고가 선택한 'restless and tickled(마음이 불안하고 간지럽다)'에서 좌불안석의 느낌을 주는 'restless'는 '싱숭생숭'과 살짝 거리가 있다. 또한 'tickled'는 신체적 간지러움을 뜻하는 것으로, 여기에는 적절하지 않다.

(2) 또옥똑 사과 따는 소리

GPT는 '사과를 또옥똑 땄다'를 'I picked the apple with a crisp ddok-ddok sound(나는 사과를 아삭아삭한 똑똑 소리를 내면서 땄다)'로 번역했으며, 영어에 직접 대응되는 표현이 없는 상황에서 소리를 알파벳으로 그대로 표기했다. 여기에 'crisp(아삭아삭한)'를 더해, 사과가 톡 떨어지는 듯한 경쾌한 소리를 보완하려는 시도가 엿보인다. 반면 구글 번역과 파파고는 'I picked the apple again(나는 사과를 다시 땄다)'으로 번역해 '똑똑'을 한 번 사과를 따는 행위로, '또옥똑'을 또 한 번 따는 것으로 해석한 것으로 보인다. 이로 인해 원문에 담긴 소리의 질감과 생동감은 제대로 전달되지 않았다.

(3) 선들선들 가을바람과 추적추적 빗소리

'선들선들 가을바람'은 GPT에서 'gentle autumn breeze(가벼운 가을 미풍)', 구글 번역에서는 'autumn breeze(가을 미풍)'로 번역되어 바람의 부드러움은 반영되었지만, '선들선들'이 지닌 피부에 닿는 서늘한 감촉까지는 담기지 않았다. 파파고는 'autumn winds(가을바람)'로 번역했지만, 바람의 세기나 계절적인 느낌은 드러나지 않는다.

'추적추적 내리는 비'는 GPT와 구글 모두 'drizzle'로 번역했는데, 이는 가볍고 잔잔한 비를 뜻해 축축하고 지속적인 느낌과는 다소 다르다. 파파고는 'tracking rain (추적하는 비)'으로 번역했는데, '추적추적'을 '추적하다'로 잘못 이해한 결과로 문맥을 반영하지 못한 표현이다.

(4) 지글지글 보글보글

GPT는 '지글지글 보글보글'을 'sizzling'과 'bubbling'

으로 번역해, 끓는 소리의 리듬과 질감을 나누어 표현하려 했다. 'sizzling'은 지글지글 끓는 소리, 'bubbling'은 기포가 올라오는 모습을 각각 전달한다. 반면 구글과 파파고는 'sizzling' 하나만 사용해 두 표현의 차이를 드러내지 못했다.

(5) 소쩍소쩍 소쩍쩍

GPT는 'sojjeok-sojjeok, sojjeok-jjeok'처럼 음을 그대로 표기해 대응 표현이 없는 상황에서 소리를 직접 옮겼다. 구글은 'hoot, hoot, hoot(부엉, 부엉, 부엉)'으로 번역했지만, 이는 부엉이의 울음소리로 소쩍새와는 거리가 있다. 파파고는 'The goosebumps wept(소름이 울었다)'로 번역했는데, '소쩍새'를 '소름(goosebumps)'으로 오해한 듯하며 문법과 의미 모두 부자연스럽다.

AI 의성어·의태어 번역의 난제

앞서 살펴본 바와 같이, AI 번역기의 한국어 의성어 · 의태어 처리는 아직 뚜렷한 한계를 지닌다. 그럼에도 문맥을 고려하려는 시도, 소리의 질감이나 감정을 살피려는 움직임은 분명히 관찰된다. 그러나 한국어 화자인 필자에게는 여전히 번역 결과가 전달하지 못하는 심리적 거리감이 존재한다. 예를 들어 '간들간들'은 'soft breeze(부드러운 미풍)'나 'gently(부드럽게)' 같은 표현만으로는 메워지지 않는 감각의 틈이 있다. 한국어에는 '간들간들', '살랑살랑', '하늘하늘' 등 바람을 묘사하는 다양한 표현이 존재하며, 각 단어가 불러일으키는 이미지는 미묘하게 다르다. 이는 수치화하기 어렵지만, 한국어 사용자에게는 분명히 구분되는 감각이다.

이러한 번역의 어려움은 비단 AI만의 문제가 아니다. 인간 번역가 역시 같은 난제를 마주한다. 예컨대, 소쩍새와 그 울음소리는 한국어 화자에게 정서적으로 긴밀하게 연결된 하나의 이미지다. 이 감각적 결합은 단지 소리를 옮기는 것만으로는 재현하기 어렵다. 같은 소리를 듣더라도, 언어와 문화의 차이에 따라 떠오르는 이미지와 감정은 달라질 수밖에 없다. 내 귀에는 분명히 '소쩍쩍'으로 들리지만, 다른 언어권 화자에게는 전혀 다르게 인식될 수 있다. 이러한 차이는 단지 언어의 차원에서 비롯된 것이 아니라, 말로 설명하기 어려운 감각의 층위에서 비롯된다. 이것이 바로 이른바 엑스 팩터(X factor), 즉 한 언어 공동체가 오랜 시간 체화해 온 무형의 언어 감각이자, 번역이 닿기 어려운 문화적 자산이다. 이처럼 언어 너머의 감각이 촘촘히 엮인 표현일수록, AI 번역이 그 결을 온전히 따라잡기까지는 상당한 시간이 걸릴 것이다.

07
K-시

시는 글자 해독이 아니라, 여운을 음미하는 일이다. 직유와 은유, 생략과 파격, 문법을 벗어난 리듬까지. 시는 언어의 틀을 흔들며 감정과 사유를 압축한다. 그만큼 시의 번역은 단순한 의미 전달을 넘어서, 정서의 흐름과 분위기까지 함께 옮겨야 하는
작업이다. 그러나 AI는 여전히 표면적 의미에 머물며, 맥락과 문화, 감정을 통합적으로 해석하기에는 역부족이다.

AI와 윤동주?

AI 번역과 시의 조우

문학은 언어로 빚어진 예술이다. 그중에서도 시는 짧은 문장 속에 함축과 은유를 담아 깊은 울림을 전한다. 그렇다면 AI는, 이 섬세한 시의 언어를 어디까지 이해할 수 있을까?

AI가 시를 번역할 때 가장 먼저 마주하는 벽은 문장의 자유로운 구조다. 시는 문법에 얽매이지 않으며, 단어의 순서를 바꾸거나 과감히 생략하기도 한다. 인간은 이를 문맥과 정서로 보완해 읽어 내지만, AI는 종종 문법 오류로 인식해 억지로 문장을 끼워 맞추거나 엉뚱한 문법 규칙을 적용하려 한다.

또한 시는 단어 하나에도 감정과 분위기가 깃들어 있다. 예를 들어, 조지훈의 〈승무〉에 나오는 "얇은 사 하이얀 고깔은 고이 접어서 나빌레라"라는 구절은 단순한 동작이 아니라 춤사위의 흐름과 고요한 긴장감, 그리고 고유한 정서를 함축하고 있다. 하지만 AI는 이런 뉘앙스를 읽기보다는 개별 단어의 사전적 의미를 기계적으로 연결해 번역하는 경향이 있다. 그 결과, 원문의 울림은 희미해지고 표현은 지나치게 직설적으로 흐르기 쉽다.

시는 일상에서 잘 쓰이지 않는 단어들, 또는 특별한 정서를 담기 위해 시인이 새롭게 만든 표현들로 가득하다.

이런 시어(詩語)는 일상 언어에 비해 사용 빈도가 낮고, 디지털 텍스트에서 나타날 확률도 적어 AI가 학습할 기회 자체가 적다. 이로 인해 번역 과정에서 더 큰 혼란을 일으키곤 한다.

이처럼 시어의 함축성과 감성적 표현은 번역 과정에서 AI에게 쉽지 않은 도전 과제로 다가온다. 단어의 의미를 넘어서 정서와 분위기까지 함께 옮겨야 한다는 점에서, 시는 그 어떤 장르보다 번역자의 섬세한 감각을 요구한다. AI가 이런 언어의 결을 얼마나 포착할 수 있을지, 그 가능성과 한계는 여전히 현재 진행형이다.

AI 번역으로 본 한국 시어

김상용의 〈남으로 창을 내겠소〉는 자연과 벗하며 살아가는 소박한 삶의 소망을 친근한 어조로 그려 낸다. 표현은 담백하지만, 그 안엔 삶에 대한 철학적 태도와 정서적 여운이 조용히 깃들어 있다. 그런 점에서 이 시는, AI 번역이 시의 감성과 함축을 어디까지 따라갈 수 있는지를 가늠해 보기에 알맞은 출발점이다.

〈남으로 창을 내겠소〉(김상용, 1939)

밭이 한참갈이 / 괭이로 파고 / 호미론 풀을 매지요 / 구름이 꼬인다 갈 리 있소 / 새 노래는 공으로 들으랴오 / 강냉이가 익걸랑 함께 와 자셔도 좋소 / 왜 사냐건 / 웃지요

AI 번역 결과

(1) GPT

I will build a window facing south

A field, a good stretch of land to plow / I will dig with a hoe / And weed with my hands / Why would the clouds refuse to gather? / Should I not listen to the birds' songs for free? / When the corn ripens, come and share a meal with me / If you ask me why I live this way I simply smile.

(2) 구글 번역

I'll open a window to the south

The field is being plowed / digging with a hoe / I'll mow the grass with a hoe / The clouds are twisted, how can they go / I'll listen to the new song with the air / When the corn is ripe / You can come and sleep with me / Why do you live / I'll laugh

(3) 파파고

I'll make a spear for you

The field has been plowed / dug with a hoe / tied with Homerun grass / The clouds has been twisted / The new song should be played with a ball / The corns are ripe / You can come and sleep with me / Why live / Laugh

AI 번역 결과 비교

① 남으로 창을 내겠소

GPT는 'I will build a window facing south(나는 남으로 향한 창문을 내겠소)'로 자연스럽게 번역했고, 구글 번역도 'I'll open a window to the south(나는 남으로 향한 창문을 열겠소)'로 의미는 대체로 잘 살렸다. 반면 파파고는 이를 'I'll make a spear for you[나는 당신을 위해 창(槍)을 만들겠소]'로 오역해, '창'을 무기인 'spear'로 받아들였다. 단어의 중의성을 문맥 없이 처리할 때 벌어지는 대표적인 오류다.

② 밭이 한참갈이

'한참갈이'는 소로 잠깐이면 갈 수 있는 작은 밭을 뜻한다. GPT는 이를 정반대로 해석해 'a good stretch of land to plow(비옥하고 넉넉한 경작지)'로 번역했다. 구글과 파파고 역시 'The field is plowed(밭갈이 중이다)'로 번역하면서, 본래의 어휘적 의미를 제대로 이해하지 못한 채 상황을 과도하게 단순화했다. 세 번역 모두 시어의 의미를 정확히 파악하지 못한 데에서 비롯된 오류다.

③ 호미론 풀을 매지요

GPT는 'weed with my hands(손으로 잡초를 제거하다)'로, 구글은 'mow the grass with a hoe(괭이로 풀을 깎다)'로 번역했는데, 호미에 해당하는 적절한 영어 표현이 없어 손이나 괭이로 우회한 것으로 보인다. 반면 파파고는 '호미론'을 소리 나는 대로 'homerun'으로 옮기고, '매다'를 'tie(묶다)'로 번역해 'tied with Homerun grass(Homerun 풀을 가지고 묶었다)'라는 엉뚱한 문장을 만들어 냈다. 특히 파파고의 번역은 시의 문맥을 고려하지 않고 문자 그대로의 표면만 기계적으로 처리한 결과를 잘 보여 준다.

④ 새 노래는 공으로 들으랴오

'공으로'는 '공짜로' 또는 '대가 없이'라는 뜻으로, 자연 속 새소리를 그냥 듣겠다는 화자의 여유로운 태도를 담고 있다. GPT는 이를 'Should I not listen to the birds' songs for free?(새들의 노래는 공짜로 들어야 하지 않겠나?)'로 번역해, 비교적 직역이지만 의미는 일정 부분 반영했다. 구글 번역은 'new song(새로운 노래)'이라 오해했고, 파파고는 'The new song should be played with a ball(새로운 노래는 공을 가지고 연주되어야 한다)'로 번역해 '공'을 'ball'로 처리하며 전혀 다른 의미를 만들어냈다. 파파고의 결과는 시의 정서를 따라가기보다는 단어를 겉으로만 해석한 전형적인 사례다.

⑤ 강냉이가 익걸랑 함께 와 자셔도 좋소

강냉이가 익으면 함께 먹자는 화자의 초대를 GPT는 'When the corn ripens, come and share a meal with me(강냉이가 익으면 와서 나와 함께 식사를 합시다)'로 번역해 원문의 의도를 비교적 잘 살렸다. 반면, 구글 번역과 파파고는 '자셔도'를 '자다(sleep)'로 오해한 결과,

각각 'When the corn is ripe, you can come and sleep with me(강냉이가 익으면, 그대는 와서 나와 함께 잠을 잡시다)', 'The corncress ripen, you can come and sleep with me(corncress가 익으면, 그대는 와서 나와 함께 잠을 잡시다)'로 번역했다. 특히 파파고의 경우, '강냉이'를 '옥수수(corn)'로 정확히 인식하지 못해 'corn'에 '냉이'를 뜻하는 'cress'를 합성한, 실제로 존재하지 않는 단어 'corncress'를 생성한 것으로 보인다. 이러한 오류는 AI가 표현을 직역하는 데 그치고, 문맥과 상황을 파악하지 못하고 있음을 보여 준다.

⑥ 왜 사냐건 웃지요

이 마지막 구절은 화자의 달관적이고 초연한 태도를 함축적으로 담고 있다. GPT는 'If you ask me why I live this way, I simply smile(당신이 내게 왜 이렇게 사느냐고 묻는다면, 난 그냥 웃지요)'로 번역했는데, 'simply(그저)'라는 단어를 덧붙여 화자의 담담한 정서를 자연스럽게 표현했다. 반면 구글 번역과 파파고는 각각 'Why do you live, I'll laugh(당신은 왜 사나요, 난 그냥 웃지요)', 'Why live, Laugh(왜 사느냐고요? 그냥 웃지요)'로 번역해 원문의 함축과 여운을 살리지 못한 채, 직역에 머물렀다.

AI 번역과 시어의 간극

시는 그 자체로 일상의 언어를 벗어난 세계다. 문장은 불완전하고, 단어는 생략되거나 재배열되며, 시인은 때로 존재하지 않던 표현을 새롭게 만들어 낸다. 이처럼 시어는 정형화된 규칙보다는 파격과 실험, 감정과 분위기로 구성된다. 그만큼 시의 언어는 AI 번역 시스템에 낯설고 까다로운 영역이 될 수밖에 없다.

AI 번역 모델은 대규모 말뭉치 속 통계적 규칙을 기반으로 작동한다. 표현이 많이 등장할수록, 문법 구조가 단순할수록 번역의 정확도는 높아진다. 그런데 시어는 데이터에 자주 등장하지 않고, 의미가 고정되지 않으며, 문맥과 감성에 따라 해석이 달라진다. 그 결과, AI는 시어의 낯선 구조와 낮은 빈도, 문맥 의존적 의미에 대응하는 데 한계를 보인다.

예를 들어 〈남으로 창을 내겠소〉에 나오는 '공으로'는 '공짜로'라는 뜻이지만, AI는 이를 '공(ball)'으로 해석해 전혀 다른 문장을 만들어 내기도 한다. 또 마지막 구절인 '왜 사냐건 웃지요'처럼 짧은 문장에 담긴 정서와 태도는 직역만으로는 전달되기 어렵다. 이런 표현들은 단어의 표면적 의미만으로는 담아낼 수 없는, 시의 여운이 응축된 대목이다.

실제로 시의 언어는 의미보다는 분위기와 정서의 흐름에 따라 작동한다. 인간 번역가는 문맥과 감정을 읽고, 단어를 그 안에 맞춰 유연하게 풀어내는 반면, AI는 아직도 단어 하나하나를 따로 떼어 처리하는 데 머무르곤 한다. 문장을 어떻게 '해석'할 것인가보다는 어떤 '단어'를 대응시킬 것인가에 더 가까운 방식이다.

결국 시 번역의 핵심 과제는, 단어 너머에 담긴 정서와 맥락을 AI가 얼마나 섬세하게 포착할 수 있는가에 있다. 인간 번역가는 작품의 흐름과 분위기를 종합적으로 읽어 내며 표현을 조율하지만, AI는 여전히 단어와 구문에 갇혀 그 여운을 놓치기 쉽다. 앞으로 AI가 문학 언어에 더 가까이 다가서기 위해서는, 표면적 의미를 넘어서 맥락, 문화, 감정이 어우러진 언어의 깊이를 통합적으로 해석할 수 있는 능력을 갖춰야 할 것이다.

08
K-대중가요 가사

노랫말은 단순한 문장이 아니라 시대와 정서가 얽힌 언어다. 짧은 문장에 운율, 멜로디까지 함께 담겨 있어 일반적인 문장처럼 번역하기 어렵다. 특히 말로 표현되지 않는 감정이나 분위기까지 전달되어야 자연스럽지만, AI는 그 층위를 따라가지 못한다. 한영 번역이 어긋난 경우, 그 결과를 다시 한국어로 옮겨 보는 과정에서 그 한계는 더욱 또렷하게 드러난다.

AI와 한의학?

AI의 대중가요 가사 번역 과제

대중가요는 단순한 음악적 요소를 넘어 특정 시대와 사회의 정서를 반영하는 중요한 문화적 산물이다. 노래 가사는 시적 표현과 감성적 요소를 담고 있으며, 때로는 역사적 맥락과 사회적 가치관을 반영하기도 한다.

이러한 특성 때문에 대중가요 가사를 외국어로 번역하는 것은 일반적인 문서 번역과는 전혀 다른 차원의 과제를 수반한다. 단순한 단어 변환만으로는 원곡의 감성을 충분히 살릴 수 없으며, 문화적 차이로 인해 일부 표현은 직역이 어렵거나 왜곡될 위험이 있다. 같은 언어와 문화를 공유하는 사람들에게 자연스럽게 다가오는 표현도 다른 문화권에서는 그 의미가 온전히 전달되지 않을 수 있다. 따라서 가사의 맥락뿐만 아니라 음악적 요소와 곡의 분위기까지 고려해 원곡의 감성을 유지하는 자연스러운 번역이 필요하다.

특히 감성적 표현은 번역 과정에서 의미가 쉽게 흐려진다. 이를테면 '눈물이 난다'는 단순한 울음을 뜻하는 것이 아니라, 말로 다 담기지 않는 깊은 감정을 품고 있다. 그러나 이러한 뉘앙스는 언어가 달라지는 순간 사라지기 쉽다. 노랫말은 멜로디를 타고 감정을 실어 나르기에 같은 말이라도 곡조와 분위기에 따라 전혀 다른 색을

띨 수 있다. 그래서 대중가요 가사 번역은 결코 간단한 일이 아니다.

AI 번역으로 본 〈칠갑산〉

중장년층의 애창곡 중 하나인 〈칠갑산〉은 가난한 화전민 과부가 어린 딸을 부잣집에 민며느리로 보내는 안타까운 심정을 담은 노래로 알려져 있다. AI 번역 시스템은 이 노래의 의미와 정서를 제대로 살릴 수 있을까?

〈칠갑산〉

콩밭 매는 아낙네야 / 베적삼이 흠뻑 젖는다 / 무슨 설움 그리 많아 / 포기마다 눈물 심누나

홀어머니 두고 시집가던 날 / 칠갑산 산마루에 / 울어 주던 산새 소리만 / 어린 가슴속을 태웠소

AI 번역 결과

(1) GPT

Oh, woman weeding the soybean field / Your white blouse is soaked through / What sorrow burdens you so deeply / That you plant tears with every seedling?

The day I left my widowed mother to marry / On the ridge of Chilgap Mountain / Only the cries of the mountain birds / Burned deep into my young heart

(2) 구글 번역

A woman weeding a soybean field / The sackcloth is soaking wet / What sorrow is there / A tearful shedding in every bundle
On the day I left my widowed mother and went to get married / On the peak of Chilgapsan / Only the sound of the mountain birds that were crying / Burned my young heart

(3) 파파고

She's a woman who hangs a bean field / The red ginseng is soaking wet / Why do you have so much sadness / Every time I give up, I cry
The day I got married leaving my single mother behind / On the mountain floor of Chilgapsan Mountain / Only the sound of the mountain bird that cried / I burned my heart

AI 번역 결과 비교

① 콩밭 매는 아낙네야

세 번역 모두 '아낙네'를 'woman(여인)'으로 옮겼지만, 원어가 지닌 뉘앙스를 충분히 담기에는 부족하다. '밭을 매다'를 GPT와 구글은 비교적 자연스럽게 번역했으나, 파파고는 이를 '목을 매다'로 오해해 'hangs a bean field(콩밭을 매달다)'로 잘못 번역했다.

② 베적삼이 흠뻑 젖는다

'베적삼(여름철 저고리 대용 홑옷)'을 GPT는 'white blouse(흰 블라우스)'로 번역했다. 영어에 정확히 대응되는 단어가 없다는 점을 고려하면 비교적 원문의 느낌을 잘 살렸다. 반면 구글 번역의 'sackcloth(고대 유대·기독교 문화에서 회개나 애도의 표시로 입던 거친 베옷)'는 문맥에 어울리지 않는 표현이며, 파파고는 'red ginseng(홍삼)'이라는 전혀 다른 의미로 오역했다. 이는 '베적삼'을 '적'과 '삼'의 단어 단위로 분리해 해석한 결과로 보인다. 한편, 세 번역 모두 '흠뻑 젖는다'는 표현은 'is soaked through(흠뻑 젖다)' 또는 'soaking wet(흠뻑 젖은)'으로 무난하게 처리했다.

③ 무슨 설움 그리 많아

GPT는 'What sorrow burdens you so deeply(무슨 슬픔이 당신의 마음을 그토록 깊게 짓누르고 있는가)'로 번역해 슬픔이 삶을 얼마나 무겁게 짓누르는지를 표현하며 감성적 뉘앙스를 잘 살렸다. 구글 번역은 'What sorrow is there(무슨 슬픔이 있는가)'로 다소 직역에 가까웠고, 파파고는 'Why do you have so much sadness(왜 당신은 그토록 많은 슬픔을 지니고 있는가)'로 의미는 전달했지만 정서적 무게감은 부족하다.

④ 포기마다 눈물 심누나

GPT는 '포기'를 'seedling(묘목)', 구글은 'bundle(묶음)'로 번역해 비교적 적절한 해석을 제시했다. 반면 파파고는 'give up(포기하다)'으로 해석해 원문과 전혀 다른 의미로 번역했다.

⑤ 홀어머니 두고 시집가던 날

GPT와 구글 번역은 '홀어머니'를 'widowed mother(과부 어머니)'로 번역했고, 파파고는 'single mother(홀어머니)'로 처리했다. 이 노래는 남편을 여읜 여성의 삶에 기반하고 있어 'widowed mother'가 서사적으로는 더 적절하다고 볼 수 있다.

⑥ 칠갑산 산마루에

'산의 마루'를 GPT는 'ridge(산등성이)', 구글 번역은 'peak(정상)'로 번역해 비교적 자연스러웠다. 반면 파파고는 'mountain floor(산 바닥)'로 처리해 의미가 왜곡되었다.

⑦ 울어 주던 산새 소리만

GPT는 'the cries of the mountain birds', 즉 '산새의 울음소리'로 번역해 감성적인 분위기를 어느 정도 반영했다. 반면, 구글 번역과 파파고는 각각 'the sound of the mountain birds that were crying', 'the sound of the mountain bird that cried'로 번역해 '울고 있는 산새들의 소리'라는 직역에 가까운 표현을 사용했다.

⑧ 어린 가슴속을 태웠소

GPT는 'burned deep into my young heart(내 어린 가슴속으로 깊이 태웠다)', 구글 번역은 'burned my young heart(내 어린 가슴을 태웠다)'로 번역했다. 앞 문장의 울어 주던 산새 소리와 자연스럽게 연결되며 무난한 흐름을 보인다. 즉, 산새 소리가 내 마음을 태웠다는 의미가 유지된다. 반면 파파고는 'I burnt my heart(내 가슴을 태웠다)'로 번역했는데, 영어에서는 감정적 고통을 표현할 때 'heart(가슴)'를 'burn(태우다)'의 직접 목적어로 쓰는 경우가 드물어 문맥에 어긋나고 원어민에게도 부자연스럽게 들릴 수 있다.

AI 역번역으로 본 〈칠갑산〉

AI 번역이 원문 가사의 의미와 정서를 얼마나 잘 전달했는지 평가하는 한 가지 방법으로, 번역된 영어 가사를 다시 한국어로 역번역(back translation)해 볼 수 있다. 이를 통해 번역 과정에서 의미의 변화나 손실이 발생했는지를 구체적으로 살펴볼 수 있다. 지면 관계상, 1절만 소개하도록 한다.

역번역 예시

(1) GPT

오, 콩밭을 매는 여인이여 / 당신의 하얀 블라우스는 땀에 흠뻑 젖었구려 / 무슨 한이 그리도 깊어 / 모든 모에 눈물을 심고 있는가?

(2) 구글 번역

콩밭에서 잡초 뽑는 여인 / 베옷이 젖어 있다 / 얼마나 슬플까 / 보따리마다 눈물이 흐른다

(3) 파파고

그녀는 콩밭을 거는 여자입니다 / 홍삼이 흠뻑 젖어 있습니다 / 왜 그렇게 슬픔이 많으세요 / 포기할 때마다 눈물이 납니다

역번역을 통한 분석

모든 구절을 다루기보다는 몇 가지 표현을 중심으로 살

펴보자.

① 콩밭 매는 아낙네야

GPT와 구글 번역은 'a woman weeding a soybean field'에 기반해 각각 '콩밭 매는 여인', '잡초 뽑는 여인'으로 비교적 자연스럽게 처리했다. 반면 파파고는 'hang'을 '걸다'로 인식해 '그녀는 콩밭을 거는 여자'로 오역했다.

② 베적삼

GPT와 구글 번역은 각각 'white blouse'와 'sackcloth'를 '하얀 블라우스'와 '하얀 베옷'으로 번역했다. 반면 파파고는 'red ginseng'을 그대로 반영해 '홍삼'으로 처리하면서 원문의 의미에서 완전히 벗어났다.

③ 포기마다 눈물 심누나

GPT는 'seedlings(묘목)'를 반영해 '포기'를 문맥에 맞는 '모'로 자연스럽게 처리했다. 구글 번역은 'bundles'를

'보따리'로 번역했다. 일반적으로 보따리란 의미는 가능하나, 이 문맥에서의 '포기'는 식재 단위인 모나 묘목에 가까워 다소 부적절하다. 파파고는 'give up'을 반영해 '포기하다'로 번역했으며, 이 역시 원문과 크게 어긋난 해석이다.

역번역 결과를 보면, AI 번역의 품질은 초기 한영 번역에 크게 좌우됨을 알 수 있다. 번역이 처음부터 어긋나면, 그 왜곡은 역번역 과정에서도 그대로 드러난다. 역번역은 번역이 원문에 담긴 의미와 감정을 얼마나 잘 살렸는지를 가늠할 수 있는 효과적인 도구다. 다만, 역번역만으로는 원문의 정서를 온전히 복원하기 어렵기 때문에 다른 분석 방법과 병행해 활용하는 것이 바람직하다.

09
K-정서

미워도 다시 한번 붙잡는 정, 세상살이에 한을 담고, 찔레꽃에도 서러움을 얹는 언어.
정 · 한 · 서러움은 오랜 세월 한국인의 삶 속에 켜켜이 쌓인 감정의 퇴적물이다. 데이터가 쌓이고 알고리즘이 진화해도 이 정서는 여전히 AI가 쉽게 넘지 못하는 언어의 세계다. 어쩌면 그 언어를 AI가 완전히 이해하는 순간이, 인간 번역자의 자리가 사라지는 날일지도 모른다.

AI와 화장품?

K-정서

한국인의 정서는 일상 언어보다는 시나 노랫말처럼 감정이 응축된 표현 속에서 더욱 또렷하게 드러난다. 특히 대중가요의 가사는 짧은 문장 안에 감정과 기억, 분위기를 응축한 언어로, 정서를 들여다보는 유용한 창이 된다.

심리학에서 감정은 자극에 대한 즉각적인 반응이며, 정서는 그런 반응이 반복되어 내면화된 지속적 상태다 (Panksepp, 2004; Russell, 2003). 하지만 한국인의 '정서'는 이러한 심리학적 개념을 넘는다. 한국인의 삶과 정체성을 반영하는 독특한 정서, 이른바 K-정서가 존재한다. 대표적으로 정(情), 한(恨), 서러움이 그것이다. '미운 정 고운 정 다 들었다', '서러워서 못 살겠다', '그 목소리는 한이 서려 있다' 같은 표현은 일상적인 말 속에 한국인의 정서가 스며 있는 대표적인 예다.

K-정서는 특히 대중가요 가사 속에서 더욱 생생하게 드러난다. 앞서 가사 번역의 양상을 살펴본 바 있지만, 이번에는 그 가사 안에 응축된 정서 자체에 주목할 필요가 있다.

한 많은 이 세상에, 약속한 님까지, 별처럼 슬프고 달처럼 서러운 찔레꽃, 콩 포기마다 눈물을 심는 아낙네, 정을 남기고 떠난 임에 대한 원망, 정을 주는 것인지 받는 것인지 되묻는 마음까지. 이러한 표현 속에는 한국인의 정서가 고스란히, 그리고 짙게 배어 있다.

세상살이를 '한'이라는 단어 하나로 응축하고, 달과 별, 찔레꽃에도 서러움을 얹는 표현은 한국어 안에서 자연스럽게 쓰인다. 심지어 서러움이 너무 깊어 콩 포기마다 눈물을 심는다는 말조차 낯설지 않다. 이러한 표현들은 한국인의 마음속 깊이 스며든 정서의 지형을 고스란히 비춘다. 그 감정은 고통과 애틋함, 그리움과 체념이 겹겹이 얽힌 복합적인 상태로, 단 하나의 단어로는 결코 환원할 수 없다.

이처럼 깊고 다층적인 정서는 수천 년에 걸쳐 축적된 정서적 유산이자, 한국인의 삶 속에 각인된 문화적 기억일지도 모른다. 그래서인지 한국어로도 쉽게 정의하기 어렵고, 다른 언어로 이를 번역해 그 깊이와 결을 온전히 전달하는 일은 더욱 어렵게 느껴진다.

AI 번역으로 본 K-정서

〈정〉, 〈한오백년〉, 〈찔레꽃〉은 가사 속에 '정', '한', '서럽다'라는 말이 직접 담긴 노래들이다. 이 장에서는 이 세 곡의 가사 일부를 바탕으로, AI 번역이 이러한 한국 정서를 어떻게 해석하고 옮기는지 들여다본다.

① 정이란 무엇일까 / 받는 걸까 주는 걸까 / 받을 땐 꿈속 같고, 줄 때는 안타까워

② 한 많은 이 세상 야속한 님아 / 정을 두고 몸만 가니 눈물이 난다

③ 별처럼 슬픈 찔레꽃 / 달처럼 서러운 찔레꽃

AI 번역 결과

(1) GPT

① What is jeong? / Is it something you receive, or something you give? / When you receive it, it feels like a dream, but when you give it, it aches.

② Sorrow-filled world, oh heartless beloved / You left behind your jeong and only took your body — now, tears fall.

③ A wild rose as sad as the stars / A wild rose as sorrowful as the moon

(2) 구글 번역

① What is affection? / Is it receiving or giving? / When I receive affection, it feels like a dream, but when I give it, it feels sad.

② In this world full of sorrows, you miserable man / I leave my feelings behind and only my body goes away, so tears come to my eyes.

③ Rose sad as a star / Rose sad as the moon

(3) 파파고

① What is affection? / Is it acceptable or giveable? / It's like a dream when it's received, and it's sad when it's given.

② You're so cruel. / I'm tearing up because I'm so attached to my body.

③ A star-sad flower / A woeful flower like the moon

AI 번역 결과 비교

(1) 정

① 정이란 무엇일까

GPT는 '정'을 고유 개념으로 보고 알파벳 그대로 'jeong'을 사용해 번역했다. 영어에 정확히 대응되는 단어가 없다는 점을 감안한 번역이다. 반면, 구글 번역과 파파고는 'affection(애정)'으로 처리했다. 이는 정이 담고 있는 복합적 감정인 애정, 연민, 유대감, 동정, 애착 등을 모두 표현하기에는 한계가 있다.

② 받는 걸까 주는 걸까

GPT와 구글 번역은 'receive(받다)'와 'give(주다)'를 사용해 비교적 자연스럽게 옮겼다. 반면 파파고는 'acceptable(받을 수 있는)'과 'giveable(줄 수 있는)'로 번역해 본래 의미와 어긋나는 표현이 되었다.

③ 받을 땐 꿈속 같고, 줄 때는 안타까워

세 번역기 모두 앞부분은 'it feels like a dream(꿈을 꾸는 것 같다)'처럼 무난하게 옮겼다. 그러나 '안타까워'는 GPT가 'it aches(아프다)', 구글과 파파고는 'sad(슬픈)'로 번역했는데, 애틋함, 아쉬움, 미련이 복합적으로 담긴 '안타까움'의 결을 충분히 살리지는 못했다.

(2) 한

① 한 많은 이 세상 야속한 님아

'한 많은 이 세상'을 GPT는 'sorrow-filled world(슬픔으로 가득한 세상)', 구글 번역은 'this world full of sorrows(슬픔으로 가득한 이 세상)'로 번역했다. 두 표현 모두 자연스럽지만 'sorrow(슬픔)'는 주로 비애나 슬픔에 집중되어 있어 '한'이 지닌 깊이와는 거리가 있다. '한'에는 삶의 고단함, 가슴 깊이 내려앉은 응어리, 회한과 체념, 말 못 할 원망 등이 복합적으로 얽혀 있다. 영어의 'sorrow' 하나로는 이 복잡하고도 한국적인 정서를 온전히 담기 어렵다. 그런데 파파고는 이 부분을 아예 번역하지 않았다. 이는 아마도 해당 소절이 문법적으로 완결된 단위로 인식되지 못했기 때문일 수 있다.

'야속한 님'을 GPT는 'heartless beloved(매정한 님)', 구글 번역은 'miserable man(비참한 님)'으로 번역했다. 전자는 냉정함을, 후자는 상대를 비참하게 만든다는 의미를 담고 있다. 특히 구글 번역은 '님'을 남성으로 오해한 오류도 보인다. 파파고는 'You're so cruel(당신은 너무 잔인하군요)'이라고만 번역해 '야속함'이 느껴지는 정황(한 많은 세상)과의 연결이 끊기며 정서의 흐름이 약해졌다.

무엇보다 '야속하다'는 단순히 냉정하다는 뜻이 아니라 떠난 이를 향한 서운함, 섭섭함, 안타까움이 뒤섞인 복합적인 감정이다. 세 번역기 모두 이 정서를 충분히 살리지 못했다.

② 정을 두고 몸만 가니 눈물이 나네

GPT는 'You left behind your jeong and only took your body — now, tears fall(당신은 정을 두고 몸만 떠났기에 눈물이 흐른다)'로 번역해 구조와 어조를 충실히 반영했다. 구글 번역은 'I leave my feelings behind and only my body goes away(나는 감정을 남기고 몸만 떠난다)'로 비교적 자연스럽지만, 떠나는 주체를 '나'로 오해하는 오류가 있다. 파파고는 'I'm tearing up because I'm so attached to my body(나는 내 몸에 대한 애착 때문에 눈물이 난다)'로 번역했다. '정'을 신체적 애착으로 오인한 것으로 보이며, 전체 맥락에서 크게 벗어난 해석이다.

(3) 서러움

① 별처럼 슬픈 찔레꽃

GPT는 'a wild rose as sad as the stars(별처럼 슬픈 찔레꽃)', 구글 번역은 'rose sad as a star(별처럼 슬픈 장미)'로 번역해 비교적 자연스러운 표현을 만들었다. 반면 파파고는 실제 영어에 존재하지 않는 'star-sad flower(별-슬픈 꽃)'라는 표현을 기계적으로 조합해 은유적 표현과 정서적 뉘앙스를 살리지 못했다. 또한 '찔레꽃'을 단순히 'flower(꽃)'로 번역해 어휘의 구체성이 부족하다.

② 달처럼 서러운 찔레꽃

GPT는 'a wild rose as sorrowful as the moon(달처럼 아주 슬픈 찔레꽃)', 구글은 'rose sad as the moon(달처럼 슬픈 장미)', 파파고는 'a woeful flower like the moon(달처럼 비통한)'으로 번역했다. GPT와 파파고는 앞 소절의 'sad'와 구분하기 위해 각각 'sorrowful(아주 슬픈)'과 'woeful(비통한)'을 선택했는데, 특히 'woeful'은 슬픔과 원망이 섞인 '서러움'의 뉘앙스에 비교적 가깝다. 반면 구글 번역은 여전히 'sad'만을 사용해, 두 소절 간의 정서 차이를 드러내지 못했다.

AI 번역과 K-정서의 거리

필자에게 정서는, 특정 집단과 언어 공동체의 역사와 삶의 기억이 켜켜이 쌓여 형성된 경험의 결정체다. 정·한·서러움은 수십 년, 수천 년간 한국인에게 축적되어 온 경험의 언어다. 전란과 분단, 이별과 체념을 지나면서도 끝내 포기하지 않는 정서적 지향이 깃든 어휘인 것이다.

특히 '한'은 단순한 슬픔이나 원망을 넘어 말로 풀어낼 수 없는 내면의 깊은 정서를 응축한 개념이며, '서러움' 또한 슬픔으로는 부족하고 비통함으로는 아귀가 맞지 않는 미묘한 구역에 속한다. '정' 또한 애정이나 사랑과는 다르다. 주고받음의 관계를 넘어서 함께 시간을 통과한 사람들 사이에만 생기는 끈 같은 것으로, '미워도 다시 한번'의 동력인 것이다.

AI 번역은 이처럼 언어로 완전히 붙잡기 어려운 정서의 층위를 담아내기 쉽지 않다. 데이터가 쌓이고 알고리즘이 진화하더라도, 정·한·서러움 같은 정서는 여전히 AI가 선뜻 넘어서지 못하는 세계로 남는다. 어쩌면 이 언어를 AI가 자유자재로 다루게 되는 순간이야말로 인간 번역자의 자리가 끝나는 날일지도 모른다.

참고문헌

Panksepp, J.(2004). *Affective neuroscience: The foundations of human and animal emotions.* Oxford University Press.

Russell, J. A.(2003). Core affect and the psychological construction of emotion. *Psychological Review, 110*(1), p.145~172.

10
AI 의료 번역의 가능성과 경계

단어 하나가 생사를 가를 수 있다. AI 번역은 의료진과 비원어민 환자 사이의 언어 장벽을 낮추는 유용한 도구지만, 작은 오역 하나가 치명적인 결과로 이어질 수 있다. 기술을 맹신하기보다 의료 상황에 맞춰 선택적이고 신중하게 활용하는 태도가 필요하다. 그래야 AI 번역은 '안전한 보조 인력'으로서 의료 접근성과 소통의 폭을 넓히는 데 기여할 수 있다.

종교와 AI?

AI 의료 번역의 필요성

병원에서 언어가 통하지 않는다는 건 말 그대로 생사의 문제로 이어질 수 있다. 특히 응급실이나 중환자실처럼 신속한 판단이 필요한 환경에서는, 환자의 불안이 커지고 의료진의 판단과 조치가 늦어질 수도 있다.

실제로 토론토 대학 병원 연구에 따르면, 영어가 익숙하지 않은 환자는 재입원율이 높고, 의료진의 지시를 이해하거나 약물을 복용하는 이행률도 낮았다(Rawal et al., 2019). 이는 언어 장벽이 진료의 질뿐 아니라 환자의 회복 과정 전반에 영향을 줄 수 있음을 보여 준다.

이런 상황에서 AI 번역 기술은 실질적인 대안으로 주목받고 있다. 통역 인력이 부족한 환경에서도 24시간 즉각적인 언어 지원이 가능하며, 시간당 비용이 발생하는 인간 통역과 달리 비용 부담도 적다.

AI 번역의 활용 범위는 의사-환자 간 대화를 넘어 의료 문서와 진료 기록에까지 빠르게 확장되고 있다. 최근에는 의료 분야에 특화된 다국어 번역 모델이 등장하면서 전문 용어를 보다 정밀하게 반영할 수 있는 기반도 마련되고 있다. 이를 통해 의료진은 환자의 상태를 더 빠르게 파악하고, 보다 적절한 치료를 제공할 수 있게 된다(Bahrami & Rubulotta, 2025).

응급실과 중환자실처럼 판단의 속도가 곧 생명과 연결되는 환경에서는 AI 번역의 역할이 더 중요해진다. 실제로 AI 번역을 활용한 진료 현장에서, 환자들이 기존보다 더 빠르게 진료를 받고 의료진도 보다 명확한 정보를 바탕으로 치료 결정을 내릴 수 있었다고 보고되었다(Bahrami & Rubulotta, 2025).

AI 의료 번역은 단순한 편의를 넘어 의료 서비스의 품질을 높이고 환자의 치료 결과를 개선할 수 있는 핵심 기술로 자리 잡고 있다. 기술이 정교해질수록 언어 장벽은 낮아지고, 의료 접근성과 소통의 폭은 넓어지며, 의료 서비스의 사각지대는 줄어들 것이다.

AI 의료 번역의 정확도 검증

AI 번역은 언어 장벽을 줄여 외국인과 이민자의 의료 서비스 접근성을 높이는 데 기여할 수 있다. 이에 따라 의료 현장에서의 번역 정확성을 평가하는 연구도 꾸준히 이루어지고 있다.

미국 샌프란시스코 캘리포니아대학교 연구진은 응급실 퇴원 안내문 647개 문장을 구글 번역기로 스페인어와 중국어로 번역한 뒤, 이를 다시 영어로 역번역해 정확도를 평가했다(Khoong et al., 2019). 번역 정확도는 스페인어 92%, 중국어 81%로 비교적 높게 나타났지만, 임상적으로 중요한 오류도 발견되었다. 스페인어 번역의 8%, 중국어 번역의 19%가 오역이었으며, 그중 환자에게 해를 끼칠 수 있는 중대한 오류는 각각 2%, 8%였다.

예를 들어, 'Hold the kidney medicine until you have a chance to speak with your kidney doctor(신장 약 복용을 중단하고 신장 전문의와 상담할 때까지 기다리세요)'라는 문장은 스페인어에서는 '신장 약을 보관하세요'로, 중국어에서는 '신장 약을 계속 복용하세요'로 번역되었다. 모두 원문 의미와 정반대되는 심각한 오류로 간주되었다.

비슷한 연구에서는 구글 번역을 이용해 응급실 퇴원 안내문을 일곱 개 언어로 번역한 결과가 비교되었다(Taira et al., 2021). 스페인어(94%)의 정확도가 가장 높았고, 이어서 타갈로그어(90%), 한국어(82.5%), 중국어(81.7%), 페르시아어(67.5%), 아르메니아어(55%) 순이었다. 대표적인 오류로, 'Your Coumadin level was too high today [당신의 쿠마딘(Coumadin, 항응고제) 수치가 오늘 너무 높았습니다]'라는 문장이 중국어에서 '당신의 콩 수치가 너무 높다'로 번역된 사례가 있다. 'Coumadin'이라는 항응고제를 'soybean(콩)'으로 잘못 번역한 것이다.

정신 건강 정보를 대상으로 한 번역 정확도 연구도 있다(Delfani et al., 2024). 영국의 공식 보건 자료를 구글 번역기로 다섯 개 언어(페르시아어, 아랍어, 터키어, 루마니아어, 스페인어)로 번역한 뒤, 원어민 평가자가 의미 전달력, 가독성, 문법 오류 여부를 평가했다. 언어별로 정확도 차이가 있었으며, 아랍어는 전체의 24%가 오류로 나타나 오류율이 가장 높았다.

예를 들어, 'Practice yoga and meditation(요가와 명상을 실천하세요)'은 아랍어에서 '요가와 명상을 피하세요'로 번역되어, 원문과 정반대의 의미로 전달되었다. 이 역시 임상적으로 중요한 오류로 분류되었다.

최근에는 챗GPT-4.0(ChatGPT-4.0), 구글 번역, 인간 전문 번역가를 비교한 연구도 있었다(Brewster et al., 2024). 연구진은 소아과 퇴원 안내문 스무 개를 스페인어, 브라질 포르투갈어, 아이티 크리올어로 번역한 뒤, 정보 보존력과 문법 정확성, 의미 전달력, 임상적 심각성을 기준으로 평가했다.

스페인어와 브라질 포르투갈어에서는 챗GPT와 구글 번역 모두 인간 전문 번역가와 유사한 평가를 받았다. 그러나 아이티 크리올어에서는 번역 정확도와 의미 전달력이 모두 낮았으며, 임상적으로 중대한 오류도 확인되었다. 예를 들어, 'Your child is doing well and can go home now(아이의 상태가 좋으므로 퇴원할 수 있어요)'라는 문장이 'Your child is dead and can go home now(아이가 사망했으므로 집에 갈 수 있어요)'로 번역되었다.

AI 의료 번역의 위험과 가능성

AI 의료 번역의 위험 요인

AI 의료 번역은 의료진과 환자 간 의사소통을 돕는 유용한 도구지만, 넘어야 할 장벽도 적지 않다. 특히 치료 동의서나 특정 환자군(예: 미성년자, 인지 저하 환자 등)의 병력 기록처럼 민감한 문서에서는 단어 하나의 오역도 큰 위험을 초래할 수 있다. 말 한마디가 바뀌는 순간 환자가 엉뚱한 치료를 받을 수 있고, 의료진은 잘못된 판단을 내릴 수 있다. 이런 이유로 많은 의료진은 여전히 AI 번역을 완전히 신뢰하지 못하며, 실제 현장 적용에 신중한 태도를 보인다(Zappatore & Ruggieri, 2024).

특히 실시간 음성 번역은 AI 의료 번역이 아직 넘지 못한 벽이다. 응급실, 구급차처럼 시끄럽고 긴박한 환경에서는 여러 사람이 동시에 말하고 배경 소음도 많아, AI가 음성을 정확히 인식하기 어렵다. 지역 억양이나 발음 차이까지 더해지면 번역 오류 가능성은 더 높아진다.

더 큰 문제는 실시간 번역의 결과가 인간 번역가나 의료 통역사의 검토 없이 곧바로 전달된다는 점이다. 한번 발생한 오류는 바로잡기 어려워 곧장 잘못된 진료나 처치로 이어질 수 있다.

AI 의료 번역의 활용 가능성

의료 번역에서는 '거의 정확한 번역'이 아니라 '절대적으로 정확한 번역'이 요구된다. 그렇기에 AI 번역을 의료 현장에 전면 도입하기엔 아직도 넘어야 할 문턱이 많다. 인간 번역가의 검토와 개입은 앞으로도 필수적이다.

이런 상황에서 연구자들은 보다 안전한 활용을 위한 단계적 접근을 제안한다. 예를 들어, 의료진과 환자의 일상 대화, 보호자와의 서면 소통, 병원 이용 안내문처럼 비교적 위험성이 낮은 분야부터 AI 번역을 도입하는 방식이다(Zappatore & Ruggieri, 2024). 이런 텍스트는 문장이 단순하고 전문 용어도 적어 AI가 학습하고 적용하기 수월하며, 실수가 곧 생명과 직결되지 않는다는 점에서도 적합하다.

또한 AI 번역을 활용하는 의료진과 환자 모두 그 한계를 충분히 인지하고 있어야 한다. 언제 AI 번역을 활용할 수 있고, 언제는 피해야 하는지에 대한 감각과 기준이 필요하다. 이를 위한 사용자 교육 역시 병행되어야 한다 (Zappatore & Ruggieri, 2024).

무엇보다 AI 의료 번역은 인간을 대체하는 기술이 아니라, 특정 조건에서 '보조 인력'으로 활용될 때 효과적일 수 있다. 외국인 환자가 꾸준히 늘고 있는 한국 사회에서도 의료 현장의 언어 지원 수요는 계속 증가할 것이다. 전문 의료 통역 인력이 충분하지 않은 현실에서 AI 번역 기술은 그 공백을 메우는 현실적 보완 수단이 될 수 있다.

그러나 기술의 활용이 넓어질수록 그 공정성과 포용성에 대한 고민도 함께 따라야 한다. 이 책의 첫 장에서 살펴본 고자원 언어 편향 문제처럼 AI 번역 기술은 특정 언어에 집중되는 경향이 있다.

의료 분야에서도 이러한 편향은 다양한 언어 배경의 환자에게 균등한 서비스를 제공하는 데 한계를 드러낸다. 앞으로 AI 의료 번역 기술이 보편적 도구로 자리매김하기 위해서는 저자원 언어 사용자까지 포괄할 수 있는 체계적 보완이 필요하다.

참고문헌

Bahrami, S. & Rubulotta, F.(2025). Artificial Intelligence-Driven

Translation Tools in Intensive Care Units for Enhancing Communication and Research. *International Journal of Environmental Research and Public Health, 22*(1), 95.

Brewster, R. C. et al.(2024). Performance of ChatGPT and Google Translate for Pediatric Discharge Instruction Translation. *Pediatrics*, e2023065573.

Delfani, J. et al.(2024). Google Translate Error Analysis for Mental Healthcare Information: Evaluating Accuracy, Comprehensibility, and Implications for Multilingual Healthcare Communication. arXiv:2402.04023.

Khoong, E. C. et al.(2019). Assessing the use of Google Translate for Spanish and Chinese translations of emergency department discharge instructions. *JAMA Internal Medicine, 179*(4), pp.580~582.

Rawal, S. et al.(2019). Association between limited English proficiency and revisits and readmissions after hospitalization for patients with acute and chronic conditions in Toronto, Ontario, Canada. *JAMA, 322*(16), pp.1605~1607.

Taira, B. R. et al.(2021). A pragmatic assessment of Google Translate for emergency department instructions. *Journal of General Internal Medicine, 36*(11), pp.3361~3365.

Zappatore, M. & Ruggieri, G.(2024). Adopting machine translation in the healthcare sector: A methodological multi-criteria review. *Computer Speech & Language, 84*, 101582.

남영자

맥길대학교에서 음성학 분야로 박사 학위를 받았다. 중앙대학교 인문콘텐츠연구소 HK연구교수 및 연구전담교수로 재직하며 다양한 인공지능과 인문학 융합 연구를 수행했으며, 대표적으로 한국어 음성 감정어 데이터베이스(Chung-Ang Auditory Database of Korean Emotional Speech: A Validated Set of Vocal Expressions With Different Intensities) 구축 프로젝트를 주도했다. 딥러닝을 활용한 음성 감정어 인식 연구를 포함해 KCI, SCI(E) 등재 학술지에 다수의 논문을 발표했다. 주요 저서로는 《더 나은 AI, 더 나은 삶》, 《인공지능 데이터해석학》이 있으며, 현재 한양대학교에서 강의하고 있다. 연구 분야는 음성학, 말소리 지각, 언어 습득, 음성 감정 인식 등이며, 최근에는 음성 인식 연구로 영역을 확장하고 있다.